재활용의 거짓말

The Waste Paradox: Beyond Disposal

재활용의 거짓말

쓰레기 패러독스
분리했지만 결국 태워지는 쓰레기

문관식 지음

추천사

김미화(자원순환사회연대 이사장)

...

분리배출과 자원 순환의 선진국이라는 타이틀에도 불구하고, 시민들의 꼼꼼한 분리배출은 제도와 시장의 장벽에 막혀 좌절로 이어진다. 우리가 분리배출한 재활용품이 과연 진정한 자원 순환으로 이어지고 있을지 의문을 품으며, 저자는 자원이 부족하고 기후 위기가 심화되는 시대에도 여전히 쉽게 소비하고, 버리고, 태우는 현실에 절망한다.

이 책은 시민의 실천만으로는 자원 순환 사회로의 진입이 허상에 불과하다고 진단한다. 진정한 변화는 정책, 생산, 소비, 실천이 함께할 때 비로소 가능해진다고 강조한다.

아울러 분리배출의 현실을 꼬집으며, 버려질 필요 없이 다시 써야 하는 방법에 대해 잘 정리하고 있다. 더 잘하라는 요구 대신, 제도가 먼저 책임져야 한다는 점도 분명하게 보여준다.

자원 순환은 하루아침에 이루어지지 않는다. 정책, 생산, 소비, 행동의 모든 선한 실험이 반복되면서 가랑비에 옷이 젖듯 변화된다. 그 변화가 곧 완성된 자원 순환 사회의 모습이다. 저자는 이를 지적하며, 우리는 왜 꾸준히 선한 행동을 이어가야 하는지에 대한 깊은 울림을 준다.

저자는 10년 이상 대한민국 국회 환경 전문 보좌관으로 활동하며, 우리나라 환경정책의 현장을 깊이 이해해 왔다. 그의 풍부한 경험과 통찰이 고스란히 담긴 이 책은 우리 사회가 나아가야 할 자원 순환의 방향을 제시하는 든든한 지침서가 될 것이다.

강찬수(환경신데믹연구소장, 전 환경운동연합 공동대표)

...

몇 년 전 플라스틱 재활용 문제를 취재한 적이 있다. 처음부터 예상을 빗나갔다. 아파트 주민들이 투명 페트병의 라벨을 떼어내고 열심히 분리배출해 놓았는데, 정작 재활용품을 운반하는 트

럭은 다른 잡동사니 플라스틱과 뒤섞어 싣고는 떠났다. 수십 km 떨어진 재활용 공장까지 플라스틱 종류별로 따로따로 운반하면 여러 번 왕복해야 해 수지가 맞지 않는다는 이유였다.

그렇게 뒤섞인 플라스틱은 선별장에서 사람들이 일일이 다시 분류해야 했다. 플라스틱 중에서도 일회용 컵은 재활용이 안 된다고 했다. 인쇄된 로고가 남아 있다든지, 재질을 구분하기 어렵다든지, 이물질이 묻어있다든지, 이유는 많았다. 따로 분리해 낸 페트병이나 비닐도 재활용 공장에서 모두 다 재활용되는 것도 아니었다. 30% 정도는 재활용되지 않는 것들이어서 소각·매립된다는 것이다.

결국 가정에서 배출되는 폐플라스틱 중에서 물질 재활용되는 것은 20% 남짓이다. 나머지는 매립되거나, 소각되거나, 고형연료로 활용되거나, 시멘트 소성로에서 연료 대신으로 소비되고 있다. 종량제 봉투 속의 플라스틱까지 고려하면 실제 재활용률은 10% 수준에 불과한 것으로 판단됐다.

플라스틱 쓰레기 가운데 일부는 하천을 따라 바다로 들어가기도 한다. 바다로, 토양으로 들어간 비닐과 플라스틱은 미세·나노 플라스틱이 돼 바다를, 하늘을 떠돌다가 우리 몸으로도 들어온다. 미세·나노플라스틱이 우리 건강을 해친다는 증거는 점점 늘어나고 있다.

플라스틱은 가짜 재활용의 현실을 가장 잘 보여주는 사례다. 국내에서 쓰레기 종량제가 시행된 지 30년이 됐고 많은 성과를 냈지만, 아직도 개선돼야 할 점도 많다. 국회에서 환경 전문 보좌관으로 오래 활동해 온 저자가 이를 그냥 넘길 리가 없다. 그의 날카로운 눈에 들어온 문제점이 책으로 정리돼 나왔다. 당연히 많이 공감하게 된다.

이 책을 읽은 이가 시민이면 분리수거를 더 철저히 하겠다고 다짐할 것이고, 재활용업체 관계자라면 더 나은 기술로 물질 재활용률을 높이겠다는 마음을 먹게 될 듯싶다. 또 정책 입안자라면 이 책을 지침 삼아 재활용의 문제점을 하나하나 고쳐 물 흐르듯 돌아가는 순환경제를 이루는 데 앞장설 것 같다.

1967년 보건사회부 공해계가 출발하면서 국내에 환경정책이 태동한 지 어느덧 60년이 되어가는 이즈음에 그 기초를 다시 다지는 책을 만날 수 있어 반갑기 그지없다.

정규석(녹색연합 사무처장)
...

쓰레기는 우리의 생존과 밀접한 연관을 가진다. 대한민국 시민은 고도화된 산업 사회에서 살고 있다. 누구나 쓰레기에서 벗어날 수 없다. 농촌과 산촌에서 살더라도 생필품은 공장에서 생산한 물건을 사용해야 생존할 수 있다. 모든 시민은 과도한 쓰레기를 발생시키는 삶의 현실에서 벗어날 수 없다.

우리가 생활에서 접하는 닳은 물건은 플라스틱에 기반하여 생산된다. 인류는 불과 백 년 사이에 플라스틱을 사용하고부터 생활필수품에 혁신을 가져왔다. 그러나 비극도 함께 시작되었다. 플라스틱에 기반하는 온갖 제품은 편리함의 이면에 우리가 감당하기 어려운 쓰레기를 배출시킨다. 이제 이 쓰레기를 어떻게 처리하느냐가 생존의 문제로 직결하고 있다. 자원 순환은 기후 위기 시대에 생존의 문제다.

이런 현실에서 자원 순환의 구조와 원리를 예리하게 파고들어 해법을 제시한 책이 나왔다. 이 책은 깨끗이 분리해도 결국 태워지는 현실을 직격한다. 그리고 그 좌절의 무게는 시민이 아닌 정책과 제도가 져야 함을 제시한다. 이 책은 왜 순환이 막혔는지, 책임의 고리를 어떻게 다시 잇는지 날카롭게 보여준다.

추천사

우리의 일상은 점점 더 포장과 배달에 익숙해지고 있다. 그래서 플라스틱 쓰레기가 급증하고 있다. 값싸고 편리함을 제공하는 플라스틱은 탄소 중립 사회로 가는 거대한 전환의 걸림돌이 되고 있다. 일회용 플라스틱 생산 억제와 재사용 기반 구축은 더 이상 미룰 수 없는 과제다.

탈 플라스틱 사회를 위해 플라스틱 생산과 소비 시스템의 전면적인 재설계가 필요하다. 플라스틱 사용 감축과 더불어 일회용 사회에서 다회용, 재사용 사회로 가야 한다. 그런 점에서 이 책 『재활용의 거짓말』은 시종일관 자원 순환의 현장과 정책을 예리하게 파고든다. 그리고 우리가 어떻게 자원 순환의 현재와 미래를 설계해야 하는지 제시하고 있다.

저자는 국회에서 보좌관으로 일하면서 대학에서 강의하고 있다. 입법과 정책의 현장에서 연구자 특유의 과학적 바탕에 객관적인 자료와 정보로 노력하고 있다. 환경의 영역에서 치밀하고 구체적인 노력이 필요한 것이 자원 순환 분야다. 대한민국의 자원 순환에 대해 현실을 직시하고 미래를 내다보려 한다면 이 책을 꼭 권하고 싶다.

장세만(SBS 기후환경전문기자)
...

　기후 환경 전문 기자로서 지난 수년간 국회 환노위 국정감사를 취재하면서 봤던 수많은 보좌진 중에 그는 단연 가장 눈에 띄는 인물이었다. 다양한 환경 이슈에 대한 끈질긴 추적자처럼, 또 산같이 쌓인 자료에서 핵심을 찾아내는 연구자처럼, 때로는 모순적 현실에서 대안을 짚어내는 정책가처럼 그는 다양한 역할을 넘나들었다.

　그중에서도 그가 가장 공들였던 분야가 '자원 순환'이었다. 이제껏 그와 나눈 카카오톡 대화창엔 일회용 컵에서 시멘트 폐합성수지까지 그가 보낸 수많은 자료가 쌓여있다. 그 같은 고민과 연구가 이 책으로 무르익었다. '플라스틱 빨대' 문제 하나 제대로 풀지 못해 수년째 갈팡질팡하는 '자원 순환' 혼선 속에 우리가 경청할 귀중한 목소리다.

박홍배(국회의원)
...

　쓰레기 문제는 더 이상 생활의 번거로움이 아닙니다. 국민이 성실히 분리배출을 해도, 그 끝이 소각과 시멘트 소성로라면 우리

추천사

는 가짜 순환 속에 머무는 것입니다. 이 책은 재활용률 86%라는 수치의 착시, 책임을 회피하는 기업, 뒤처진 제도를 하나하나 짚어냅니다. 시민은 이미 최선을 다하고 있습니다. 이제 남은 몫은 제도와 정책입니다.

저자는 국회와 현장에서 확인한 경험을 토대로, 쓰레기 문제를 구조적 과제로 끌어올렸습니다. 분리배출의 손끝에서 시작된 실천이, 정책과 시장의 구조 속에서 왜 끊기는지를 보여줍니다.

환경 정의는 국민 신뢰에서 출발합니다. 이 책이 던지는 질문은 단순한 비판이 아니라, 제도가 나아가야 할 방향입니다. 국민의 노력에 응답하는 정치가 무엇을 해야 하는지 분명히 드러냅니다. 진짜 순환을 만들기 위해, 끝까지 책임지는 구조가 필요합니다. 이 책은 그 길을 찾는 데 든든한 안내자가 될 것입니다.

허탁(한국환경한림원 회장, 건국대학교 명예교수)

· · ·

우리는 매일 분리배출을 최대한 철저히 하며 재활용에 힘쓰지만, 그 쓰레기가 결국 어디로 가는지 알 수 없습니다. 『재활용의 거짓말』은 바로 그 지점에서 시작됩니다. 저자는 우리가 성실히 분리한 쓰레기가 왜 다시 불타 없어지는지, 그 근본적인 이유를 구조적이고도 통찰력 있는 언어로 풀어냅니다. 이 책은 우리가 믿고 있는 재활용 시스템이 어떻게 작동하고 있는지, 그 속에 숨겨진 모순과 문제점을 여실히 드러냅니다. 그리고 그것을 바꾸기 위한 실질적인 해결책이 무엇인지를 알려 줍니다. 환경정책에 대한 새로운 시각을 열어줄, 그야말로 꼭 읽어야 할 책입니다.

최병성(기후재난연구소 상임대표)

• • •

오랜 시간 국회에서 환경 일을 담당해 온 저자는 재활용이라는 멋진 단어 뒤에 숨어 있는 가면을 벗겨냈다. 이 책을 읽어가며 눈을 뗄 수가 없었다. 산업화가 이뤄진 대한민국은 쓰레기 천국이다. 저자는 재활용이라는 이름으로 잘못 처리되는 복잡한 관계를 아주 쉽고 명쾌하게 정리해 냈다.

저자는 정부가 매년 발표하는 재활용률은 86%에 이르지만, 실제로 다시 쓰임의 흐름을 나타내는 지표가 되지 못한다고 꼬집는다. 환경부가 발표하는 재활용률은 시설에 투입된 양을 통계상으로만 집계되는 숫자에 불과하다면서, 국민이 기대한 다시 쓰임은 반영하지 못한다는 사실을 정확히 지적한다. 저자는 '이렇게까지 분리수거했는데 왜 소각만 남는가?'라는 의문을 던지며, 오늘 대한민국의 잘못된 재활용 정책에 숨겨진 근본 문제를 던지고 있다.

저자는 문제만 던지는 것이 아니다. 그동안 잘못된 재활용 정책에 많은 변화를 끌어냈다. 유해물질이 함유된 반도체 공장의 슬러지가 재활용이라는 이름으로 시멘트 공장으로 들어가는 문제를 공론화시켰다. 온갖 산업 쓰레기로 만든 시멘트가 친환경 마크를 달고 시중에 팔리고 있는 친환경 마크에 숨은 근본 문제를 찾아내 개선시켰다.

특히 저자는 "분리배출만 잘하면 된다"라는 사회적 신화에서 벗어나, 이제는 다시 쓰이게 만드는 시스템 전체를 바꿔야 한다며 우리 사회가 나아갈 방향까지 제시하고 있다.

쓰레기 문제는 누군가의 문제가 아니다. 우리가 모두 함께 책임지고 풀어가야 할 숙제다. 문관식 저자의 신간 『재활용의 거짓말』을 모든 국민이 일독하기를 강력히 추천한다. 더 건강한 사회로 나아가는 길을 찾게 될 것이다.

김석완(한국폐기물자원순환학회 회장, 대구한의대학교 교수)

...

 순환경제 사회에서 물질 순환의 역할은 기본 중의 기본이 된다. 또한 기후 변화에 대응하기 위한 탄소 중립을 달성하기 위해서도 물질 순환이 큰 축으로 작용하고 있다. 이러한 탄소 중립과 물질 순환율을 높이기 위해 폐기물 직매립이 금지되는 우리 사회에서 필요한 폐기물의 발생원 분리배출과 유효자원의 선별·분리, 물질의 열화학적 전환 등의 자원 순환 정책적 변화와 검토, 그리고 열띤 논의가 다양한 측면에서 이루어져야 한다.

 특히 폐기물의 자원 순환은 탄소 중립을 고려한 제품의 LCA에서 어떠한 방법으로 물질을 재활용할 것인가에서 자원 개발자, 제품 생산자, 판매 및 유통 종사자, 폐기되는 물질의 재활용과 자원화에 관련된 사람 등의 다양한 의견이 표출되어 최적 혹은 최상의 방안을 만들어가야 한다.

 정책 입안을 보좌하고 법안의 집행 과정을 살펴본 전문가의 입장에서 폐기물의 재활용과 자원화의 실행에 관한 전문적인 견해를 제시하고 있다. 특히 학문적 연구와 정책 현장은 늘 '재활용률 86%'라는 숫자와 현실 사이의 차이를 확인해 왔습니다. 『재활용의 거짓말』은 이 괴리를 일반인이 쉽게 이해할 수 있도록 풀어내

추천사

고 있으며, 순환경제 사회로 나아가기 위해 앞으로 추진해야 할 각종 제도와 정책을 제시하고 있어 학문적 논의와 사회적 실천을 잇는 가교로서 기여할 수 있을 것으로 봅니다.

차례

추천사 ·· 4
프롤로그 ··· 18

1장
분리배출했는데, 왜 모두 태우나요?

재활용과 분리수거: 우리 일상은 어떻게 바뀌었나? ············· 23
재활용, 그 이름의 함정 ·· 29
정교해지는 분리수거 정책: 정말 다시 쓰이고 있을까? ········ 34
OTHER라는 분류, 순환을 막는 첫 번째 장벽 ······················ 40
'줄이는 것'은 왜 기록되지 않는가? ······································ 46
숫자는 중립적이지 않다: 목적을 설계하는 통계 ················· 53
언어와 숫자가 만든 착시: 재활용 대국이라는 허상 ············ 59

2장
법과 제도, 왜 현실을 못 따라갈까?

두 개의 법: 하나의 시스템은 없었다 ···································· 71
플라스틱의 숙명: 구조가 재활용을 거부하다 ······················ 78
계획은 쌓였는데, 현장은 그대로 ·· 89
착한 소비의 환상, 바뀌지 않는 현실 ···································· 95
친환경 인증과 자율 협약 ·· 105
생분해 인증의 모순: 부실한 기준과 구조 ··························· 110
인증과 실적이 남긴 빈자리 ··· 116
사회적 합의와 구조적 전환: 함께 만드는 순환경제의 조건 ··· 120
기준을 다시 묻는 사회, 새로운 합의를 위하여 ·················· 125

3장
내가 분리한 쓰레기, 누가 끝까지 책임지나?

책임의 실종, 비용은 시민에게 ··································· 133
비용의 역설: 실천할수록 부담은 커진다 ····················· 140
선별부터 막힌 분리배출 실천 ····································· 144
시장에 맡긴 순환, 통제되지 않는 흐름 ······················· 149
공공성과 투명성: 시장 너머의 감시 ···························· 155
끝까지 책임지는 구조, 진짜 순환을 만드는 마지막 연결 ··· 160
구조의 실험: 책임을 묻고 잇다 ··································· 165
다층적 거버넌스: 책임을 연결하는 새로운 실험 ··········· 171

4장
작은 실험과 질문이 변화를 일으킨다

손끝의 실천, 구조의 신뢰로 ······································· 177
다시 쓰임을 넘어, 지속 가능한 사회로 ······················· 181
실적과 감시의 시대를 넘어 진짜 순환의 시대로 ·········· 186
실천의 끝에서, 다른 길을 생각한다 ···························· 191

에필로그 ·· 196
작가의 글 ·· 202
참고문헌 ·· 204

프롤로그

쓰레기는 누구의 책임인가?

"이 정도면 잘한 거지."

아침, 부엌 한쪽에 투명 페트병이 쌓인다. 라벨은 떼고 뚜껑은 분리한다. 비닐은 털어 말리고 종이는 묶는다. 번거로워도 우리는 해낸다. 누가 시키지 않아도, 누가 보지 않아도. 그런 날엔 뿌듯하다. 그런데 문득 든 생각. '이 많은 쓰레기는 결국 어디로 가는 걸까?'

뉴스에 따르면, 우리가 분리해 배출한 포장재 10개 중 6~7개는 결국 소각된다고 한다. 선별장을 통과하지 못하거나 '재활용' 표시가 있어도 시멘트 소성로와 소각시설로 향한다. 정부는 재활용률이 86%에 이른다고 하지만, 이는 실제로 재활용된 양이 아니라 선별장에 반입된 양을 기준으로 한 수치일 뿐이다. 실제로 다시 쓰인 양은 그보다 훨씬 적다. 숫자는 성과처럼 보이지만, 그 이면의 현실을 가린다. '재활용 모범국'이라는 말 뒤에는, 정작 새로운 제품이 되지 못한 채 사라지는 자원의 흐름이 있다.

더 깊은 문제는 비용과 책임의 불균형에 있다.

시민은 종량제 봉투를 사고, 음식물 쓰레기 무게만큼 RFID(음식물류 폐기물 종량기) 기반으로 수수료를 내며, 관리비에 '재활용 비용'을 추가로 부담한다. 그러나 제품을 만든 기업은 끝까지 책임지지 않는다. 포장재를 회수하고 처리하는 일은, 결국 시민의 돈으로 메워진다. 정부와 지자체가 말하는 '생산자 책임 원칙'은 제도 안에 존재하지만, 현실에서는 책임이 사라지고 비용만 남았다. 문제는 분리배출의 정확성이 아니라, 뒤를 책임지지 않는 구조이다.

우리가 분리배출을 아무리 꼼꼼히 해도, 그 이후의 흐름은 시장 논리와 비용 계산에 맡겨진다. 쓰레기는 분리됐지만, 정책과 시장, 책임과 감시는 연결되지 않았다. 흐름의 끝은 재활용 공장이 아니라 시멘트 소성로와 소각시설이었다. 분리수거를 잘하는 것만으로는 자원이 제대로 순환되도록 할 수 없다.

이 책은 정답을 단정하지는 않는다. 다만 구조의 단절을 하나하나 짚어본다. 법과 제도가 무엇을 강조하면서 무엇을 외면했는지, 기업이 어떤 방식으로 책임을 피했는지, 그리고 우리의 실천이 왜 허망하게 끝나는지를 들여다본다.

다시 쓰이게 만들기 위해, 우리는 무엇을 바꿔야 하는가? 이 책은 개인의 도덕적 실천을 넘어, 시스템을 바꾸는 질문을 바탕에 두고 있다. 쓰레기통에 버려진 우리의 선의가 진짜 변화로 이어질 수 있도록 하는 방법을 찾아가는 여정이기도 하다.

> 열심히 분리해 배출했다. 비용도 냈다.
> 그런데 지금의 상황은 누구의 책임인가?

분리배출했는데,
왜 모두 태우나요?

분리수거한 쓰레기의 진짜 여정과 실적 사회의 허상

재활용과 분리수거:
우리 일상은 어떻게 바뀌었나?

"이거 재활용되죠?" 누군가 폐플라스틱 더미를 가리키며 묻는다. 재활용이라는 말은 이제 우리 생활 깊숙이 들어와 있다. 장을 볼 때나 배달 음식을 주문할 때, 재활용이란 말을 피해 갈 수 없다. 포장지에 적힌 '재생 플라스틱 사용', '재활용이 쉬운 포장재', '친환경 소재 적용' 같은 글에도 익숙해졌다.

재활용이라는 말이 익숙해진 것처럼, 분리배출도 어느새 일상이 되었다. 아침이 오면 분리배출이 시작된다. 부엌에는 플라스틱 컵과 투명 페트병, 우유를 헹궈 말린 팩이 한쪽에 놓여 있다. 가족들은 분주히 하루의 시작을 준비하면서도 분리수거 봉투를 무심히 챙긴다. 아이는 학교에서 받은 '분리배출표'를 냉장고에 붙이고, 라벨을 떼야 한다고 부모에게 잔소리한다. 아파트 관리실에서는 방송하고 안내문을 배포해, 주기적으로 분리수거 요일을 공지한다. 그리고 분리수거 실적을 안내하고, 실적이 좋은 단지는 '우수 단지'로 선정한다. 관리비 인센티브 소식도 입주민에게 주기적으로 전달한다. 관리실은 실적이 떨어지면 경고장이 붙이고, 규정을 어긴 집에는 안내문을 따로 전달된다. 이처럼 모두가 정해진 이러한 규칙을 익숙하게 따른다.

정부는 '친환경 인증 확대', 'ESG 성과', '순환경제 정책'을 적극적으로 발표한다. 기업들도 '재생 플라스틱 사용 확대', '플라스틱 감축' 등의 성과를 내세운다. 'A사, 연간 수천 톤의 재생 플라스틱 사용', '플라스틱 프리 도시 조성', '지자체, 분리배출 우수 아파트 인센티브 확대' 등 매주 새로운 실적과 캠페인이 소개된다. 이처럼 분리수거는 오늘날 누구에게나 익숙한 상식이자 사회적 의무로 여겨지고 있다.

재활용과 분리수거는 이제 자연스러운 일상의 언어가 되었지만, 불과 30여 년 전만 해도 이런 모습은 낯선 풍경이었다.

1960년대만 해도 쓰레기는 마을 뒷산이나 개울가에 몰래 버리는 일이 흔했다. 도시가 팽창하고 인구가 늘면서 골목마다, 하천마다, 도심 외곽마다 쓰레기 더미가 쌓였다. 그 시절 쓰레기 처리는 행정의 뒷전으로 밀려나 있었고, 주민들은 그저 불편한 일로 여겼다.

그러나 1970~80년대에 접어들며 모든 게 달라졌다. 도시화가 가속화되고 대형 아파트 단지가 생겨나면서, 소비재가 대중화되고 상황은 급변했다. 도시 곳곳이 생활 쓰레기로 넘쳐나기 시작했고, '쓰레기 대란'이라는 말이 언론과 정책에서 반복해 등장하기 시작했다. 매립지는 한계에 다다르고, 불법 투기와 민원이 끊이지 않게 되었다.

쓰레기 정책의 분기점은 1988년 서울올림픽이다. 깨끗한 도시 만들기라는 국가적 목표가 세워지며, 쓰레기 문제는 사회 전체의 이슈로 부상했다. 정부는 대대적인 환경정비와 함께 쓰레기 처리의 원칙을 바꾸기 시작했다. 1993년 '폐기물처분부담금제'가 도입되어 쓰레기를 많이 버릴수록 더 많은 돈을 내야 하는 구조가 만들어졌다. 그리고 1995년 전국적으로 시행된 '쓰레기 종량제'는 쓰레기를 버릴 때마다 정해진 봉투에 담고, 그 비용을 부담하게 했다. 이 변화로 사람들은 쉽게 쓰레기를 버릴 수 없게 되었다.

자연스럽게 '쓰레기를 줄여야 하고, 분리수거를 해야 한다'라는 인식이 사회에 뿌리내리기 시작했다. 재활용 정책은 곧 '분리수거' 체계로 진화했다. 플라스틱, 캔, 유리, 종이 등은 따로 모아야 했고, 각 지자체와 아파트 단지는 분리배출 규칙을 점점 더 세밀하게 만들었다. 관리실과 주민센터에서는 안내문을 붙이거나 방송하여 분리수거 요일과 품목을 알리기 시작했고, 학교와 회사도 재활용과 자원절약 교육을 앞다투어 시행했다. 기업과 생산자에게도 포장재 처리의 책임을 묻는 제도가 확산됐다. EPR(Extended Producer Responsibility, 생산자책임재활용제도), 자원 순환기본법 등 정책과 법이 생활 구석구석에 영향을 주기 시작했다.

2000년대 들어 플라스틱과 일회용품 사용이 폭발적으로 증가했다. 배달 음식과 커피를 즐기는 문화에 택배 시스템 확산까지 더해지면서 쓰레기양이 기하급수적으로 늘어났다. 정부와 지자체는 기존의 감량 정책만으로는 한계가 있음을 인식하고, 자원순환과 순환경제라는 새로운 패러다임을 도입했다. 이러한 역사적 흐름에서, 분리수거는 더 이상 개인의 선택이 아니라 모두가 참여하는 시스템이자 사회적 약속이 되었다.

한국 쓰레기 정책의 역사는 한 세대 동안 '처리 중심'에서 '감량', 다시 '순환'과 '실적 경쟁'으로 이어졌다. 이 변화의 시간 속에 정책은 개발과 환경 사이에서 조정됐고, 사회는 점점 더 세밀한 구조를 만들어 냈다. 실천의 역사가 쌓인 만큼, '왜 이렇게까지 해야 하나?'라는 피로, '우리 사회가 바뀌고 있다'라는 신뢰, '정말 변화가 일어나고 있는가?'라는 질문이 얽혀 있는 상황이다.

그러므로 분리수거의 역사는 단순한 배출과 처리를 넘어, 정책과 구조, 시민의 실천, 사회적 신뢰와 피로의 흐름까지 함께 아우르는 사회적 기록이라고 할 수 있다.

오늘 우리가 반복하는 분리수거의 손끝에는 지난 반세기의 정책 변화와 사회적 합의, 실적 중심 행정과 현실의 괴리가 모두 녹아 있는 셈이다. 이제 쓰레기는 단순히 버리는 것이 아니라,

다시 쓸 수 있는 자원으로 되돌리는 정책 목표 아래 관리된다.

 그런데 매일 분리배출을 실천하면서, 여전히 남은 하나의 근본적인 의문이 떠오른다. 과연 내가 열심히 분리해 배출하는 이 플라스틱과 비닐이 제대로 재활용되고 있을까?

> 재활용과 분리수거는 우리 사회 전체의 새로운 규칙이 되어 우리 일상에 녹아 들었다.
> 그러나 이제 근본적인 의문으로 돌아가야 할 시점이다.

재활용,
그 이름의 함정

 우리나라 정책에서 '재활용'이라는 말의 기준은 그동안 여러 번 바뀌었다. 과거에는 '다시 쓰임'만을 재활용이라고 여겼지만, 지금은 그 경계가 계속 넓어지고 있다. 플라스틱을 새 제품으로 만드는 '물질 재활용'은 물론이고, 플라스틱이나 비닐을 태워 시멘트 공장에서 열원으로 쓰거나, 소각장에서 전기를 만드는 것도 모두 '재활용 실적'에 포함된다. 실제로 폐기물관리법과 환경부 집계 기준에 따르면 연료화, 열 회수, 생분해 플라스틱, 바이오매스 같은 방식 모두가 공식 재활용 통계에 포함된다.

 이런 재활용의 정의와 통계 집계 방식은 국내에 독특한 체계를 만든다. 에너지 회수와 물질 재활용을 동일선상에 놓는 이 방식은 국제적으로 이례적이다. OECD, 미국, EU 등은 재활용을 '물질 재활용'으로 한정하고, 소각이나 연료화는 별도의 분류로 엄격히 구분한다.

〈표〉 OECD, 미국, EU의 재활용 정의

구분	재활용 정의	재활용률
OECD	폐기물을 원래와 동일한 유형의 제품이나 다른 목적이라도 유사한 성질의 사용 가능한 제품으로 재가공하는 것을 말하며, 연료로 사용하는 것은 제외.	2020년 기준 OECD 회원국 평균 24%
미국	종이, 유리, 플라스틱, 금속 등 유용한 자원을 폐기물에서 회수하거나 물질로 전환하여 새로운 제품을 만드는 것을 말하며, 소비자 수요를 충족하기 위한 신재(新材)의 사용량을 줄이는 것.	2018년 기준 23.6%
EU	폐기물을 본래의 목적 또는 다른 목적으로 사용할 수 있는 제품, 재료 또는 물질로 재가공하는 회수 활동. 유기물질의 재가공을 포함하나, 에너지 회수는 포함하지 않고, 연료나 채움재로 사용하기 위한 재료 재가공도 포함하지 않음.	2021년 기준 48.7%

OECD가 제시하는 폐기물 관리의 기본 원칙 우선순위는 '감량-재사용-재활용-에너지 회수-최종 처분'의 순이다. 이상적인 폐기물 관리는 발생 자체를 줄이고, 재활용을 거쳐 불가피한 경우에만 에너지 회수나 최종 처분에 이르는 구조다. 그러나 한국의 통

계와 정책은 이러한 우선순위를 그대로 반영하지 못하고 있다.

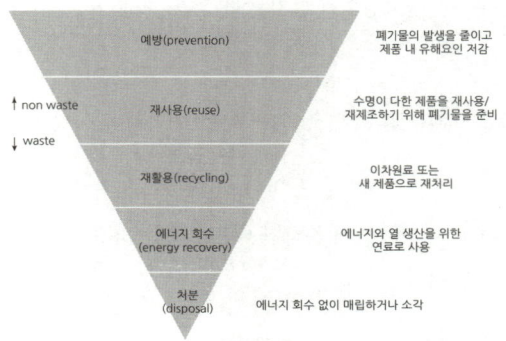

자료: OECD(2020), "Circular economy, waste and materials" 온라인 자료(검색일: 2021.10.5)

[그림] 폐기물 관리의 우선순위

2023년 국회 환경노동위원회 국정감사에서는 이 문제가 집중 조명됐다. 시멘트·제지 공장에서 폐플라스틱과 폐비닐을 연료로 태우는 것이 재활용 실적으로 인정되는 현 체계의 적절성에 의문이 제기됐다. 환경부는 물질 재활용이 우선이라는 원칙적 입장을 밝혔지만, 이후에도 제도적 변화는 뒤따르지 않았다.

재활용의 정의가 변하는 만큼, 우리나라 재활용 시장도 계속 변한다. 한때는 재생 플라스틱의 수요가 늘어 업체들이 생산을 확대했지만, 국제 유가 하락과 원자재 가격이 하락하여 재생 플라스틱 업체들이 생산을 중단하거나 관련 업체들이 줄도산하는 일이 벌어졌다. 그렇게 분류된 플라스틱이 창고에 쌓인 채 방치되다가, 결국 소각장이나 매립장으로 가는 경우가 생겼다.

시민들은 매번 분리배출하면서도 "이 플라스틱은 정말로 다시 쓰일까?"라는 의문을 떨치기 어렵다. 친환경이라는 이미지, ESG 실적 수치는 더 커졌지만, 분리배출 과정에서의 피로와 혼란, 현장에서 느끼는 불신은 쉽게 줄지 않는다. 이런 간극은 정책과 시장, 그리고 생활 현장에서 더 선명해진다. 기업과 정부, 지자체 모두 실적으로 경쟁하지만, 시민은 포장재를 분리하는 순간마다 혼란과 불신을 경험한다.

내가 헹구고, 따로 모아 배출한 플라스틱의 행방은 정책, 생활, 시장, 현실 속에서 제각기 다른 모습으로 그려진다. 정부 부처는 성과 지표로, 기업은 비용 논리로, 시장은 수익 언어로, 시민은 분리배출 경험으로 '재활용'을 말한다. 정부, 기업, 시장, 그리고 생활 속에서 '재활용'이라는 한 단어가 다양한 의미로 쓰이기 시작하면서, 그 안에 담긴 책임도 점점 모호해졌다.

정부 부처와 기업, 시장, 시민은 모두 재활용했다고 말할 수 있

1장 분리배출했는데, 왜 모두 태우나요?

다. '다시 쓰임'이라는 말의 기준과 해석이 각자 다르기 때문이다. 정부 부처나 기업의 보고서에는 실적과 숫자가 명확하지만, 실제로 무엇이 어디에서 다시 쓰이고, 어디서 사라지는지는 쉽게 확인되지 않는다.

절대적인 기준이 없다는 건, 책임의 근거도 없다는 말과 같다. 재활용의 정의가 모호하면, 누가 책임져야 하는지도 모호해진다. 이 구조는 시민을 혼란에 빠뜨린다. 그러는 사이, '책임'은 분산되고 신뢰는 약해진다. 분리배출 실천이 실제 순환으로 이어지는지 확인이 어려운 구조, 그리고 실제 변화가 잘 보이지 않는 현장의 모습이 반복해 펼쳐진다.

> 정의가 흐려지면, 정책도 흐려진다.
> 무엇을 재활용이라 부를 것인가?
> 그 질문이 정책의 출발점이어야 한다.

정교해지는 분리수거 정책:
정말 다시 쓰이고 있을까?

처음 분리수거가 도입되었을 때는 버리는 폐기물이 어디에 포함되는지 헷갈렸고, 그저 번거롭게만 느껴졌다. 하지만 분리수거는 시간이 흐르며 점점 더 촘촘한 구조 안으로 들어가기 시작했다. 학교와 회사에서도 분리수거의 중요성을 강조하기 시작했고, "정해진 규정에 따라 분리배출을 실천해야 한다"라는 분위기가 생활 깊숙이 자리 잡았다. 그리고 규정은 해마다 강화된다. 그에 관한 안내문이 새로 붙고, 품목별 분리 기준도 늘어난다.

정책이 정교해질수록 실적 중심의 평가도 강화됐다. 분리수거 실적이 높은 단지는 우수 단지로 선정되어 인센티브와 포상을 받는다. 관리실은 매달 실적을 공지하고, 분리수거를 소홀히 하면 경고장이 붙거나 불이익이 돌아온다. 학교와 기업에서는 환경경영, ESG 등 실적과 성과가 생활의 언어가 되고, 언론과 정책자료는 매년 재활용률, 실천율 등 수치를 경쟁적으로 내세운다.

모두가 분리수거에 참여하지만, 경쟁이 심해질수록 부담과 피로는 커진다. 반복되는 실천 뒤에 알 수 없는 허탈감이 남을 때도 있다. '수거업체가 수거하지 않는다'라는 안내문이 붙더니 분리수거함에 분리배출한 플라스틱과 비닐이 며칠째 방치되곤 하고, 폐비닐 수거가 중단되었다는 뉴스가 들려오기도 한다.

요즘은 동네 커뮤니티나 SNS에서 "깨끗이 분리해도 결국 다 태운다더라"라고 체념하는 글이나 "내가 아무리 노력해도 시스템은 바뀌지 않는다"라고 분노를 표출하는 글이 종종 보인다. "내가 분리배출한 플라스틱이 진짜 다시 쓰였을까?"라는 주제로 대화를 나누거나, 관련 뉴스를 찾아 공유하는 글도 적지 않다. 실제로 환경운동연합이 2023년 실시한 설문조사에서 "분리배출한 쓰레기가 실제로 재활용된다고 생각하지 않는다"라는 응답이 절반을 넘었다.

그런 의문에 따라, 관리사구소 안내문이나 인터넷 정보를 통해 재활용 과정에 대해 궁금해하는 주민도 많아졌다. 어떤 경우에는 직접 관리사무소나 지자체, 수거업체에 문의해서 궁금증을 해소하려고도 한다. 분리수거에 관한 문제의식을 자연스럽게 갖고, 각자의 경험과 자료를 바탕으로 지자체에 문의하거나 온라인 커뮤니티를 통해 정책 개선을 요구하기도 한다.

시민들은 자신이 내놓은 쓰레기가 어디로 가는지 명확히 알지 못하지만, '이만큼 분리했으니 우리 집은 잘하고 있다'라는 자기 위안과 '규정을 어기면 모두가 불이익을 받는다'라는 긴장감 속에서 꾸준히 실천하고 있다. 그런데 과연 우리가 열심히 분리해 배출한 쓰레기는 실제로 재활용되어 다시 쓰이고 있을까?

열심히 분리수거된 쓰레기는 수거 차에 실려 집하장에 모인다. 집하장에 모인 쓰레기는 다시 선별장으로 이동한다. 선별장에서는 자동화 기계와 작업자가 플라스틱, 캔, 종이 등을 재질별로 분류한다. 그리고 폐기물은 '재활용', '소각', '매립'이라는 세 갈래로 흘러간다.

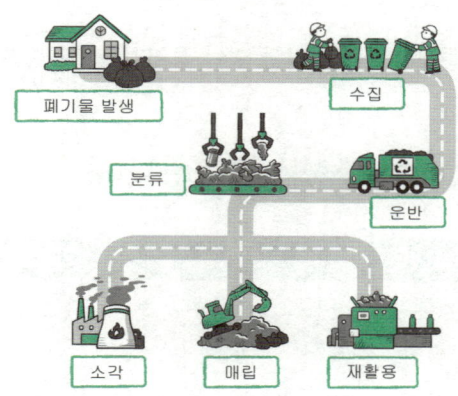

[그림] 폐기물의 흐름

이때 우리나라는 소각 과정, 즉 열 회수까지 재활용 실적에 포함한다. 재생 원료가 되지 못하는 열 회수나 품질 한계로 막히는 품목도 실적에 포함하는 셈이다.

1. 재활용
다시 쓸 수 있는 것

2. 소각
재활용할 수 없는 것 중
불에 타는 것

3. 매립
재활용할 수 없는 것 중
불에 타지 않는 것

[그림] 폐기물 처리 방식 세 가지

다음 표는 최근 6년간 전국 폐기물 처리 비율의 흐름을 보여준다. 수치는 해마다 큰 차이가 없어 보이지만, 그 속을 들여다보면 순환의 결과는 완전히 달라진다.

〈표〉 연도별 폐기물 처리 방법의 변화

(단위: %)

구분	2018년	2019년	2020년	2021년	2022년	2023년
매립	7.8	6.1	5.1	5.3	5.1	5.0
소각	5.9	5.2	5.2	5.0	5.2	5.6
재활용	86.1	86.5	87.4	86.9	86.8	86.0
기타	0.2	2.1	2.3	2.8	2.9	3.4
총계	100.0	100.0	100.0	100.0	100.0	100.0

[출처: 환경부(2024), 2023년 전국 폐기물 발생 및 처리 현황]

언론 보도에서 한 선별장 관계자는 "깨끗이 분리된 것만 일부 재생 원료 공장으로 가고, 나머지는 결국 소각하거나 시멘트 공장 연료로 쓰인다. 그래도 실적 통계에는 모두 재활용에 포함된다"라고 밝혔다. 관련 부처 담당자도 여러 언론 인터뷰에서 "시설에 들어간 양만 통계로 관리하며, 실제로 재활용되었는지는 확인하지 않는다. 실적이 가장 중요하다"라고 설명했다.

현장과 행정 모두 실적 관리에 집중하고, 생산자는 비용만 부담하면 책임에서 벗어난다. 시장은 저렴한 처리 방식을 선택한다. 이러한 현실 속에서, 반복된 실천으로 지쳐가는 시민들이 무력감을 느끼게 되는 것은 어쩌면 당연한 일이다.

> 분리했다. 다시 쓰일 거라 믿었다.
> 그러나 남은 건 소각장의 연기뿐.
> 신화가 무너진 자리, 구조의 균열이 드러난다.

OTHER라는 분류,
순환을 막는 첫 번째 장벽

어느 순간부터, 포장지 뒷면에 적힌 'OTHER, 7번'이라는 낯선 표기가 자꾸 눈에 들어오기 시작했다. 처음에는 OTHER라는 단어가 어떤 의미인지 잘 몰랐다. 분리배출 안내문이나 제품 포장 어디에도 이에 대한 설명은 거의 찾아볼 수 없었다. 그런데 즉석밥 용기, 배달 플라스틱, 컵라면 그릇, 샴푸 통 등 우리가 매일 쓰는 포장재 상당수가 여기에 속한다. 왜 이렇게 많은 플라스틱 제품에 OTHER라는 표기가 적혀 있는 걸까?

플라스틱은 재질에 따라 1번부터 6번까지 번호를 매겨 분류해 놓았다. 그런데 두 가지 이상 재질이 섞였거나, 구조상 분리가 어려운 포장재는 OTHER, 7번으로 분류된다. 정책에서는 이런 플라스틱을 '복합재질'이라고 부른다.

이 OTHER 분류 포장재의 대표적인 예로, 즉석밥 용기를 들 수 있다. 즉석밥 용기는 95%가 폴리프로필렌(PP)이고, 나머지는 산소 차단 필름(EVOH)이 덧대진 복합재질이다. 대부분 같은 플라스틱으로만 알고 있지만, 사실 여러 재질이 겹쳐 있는 것이다.

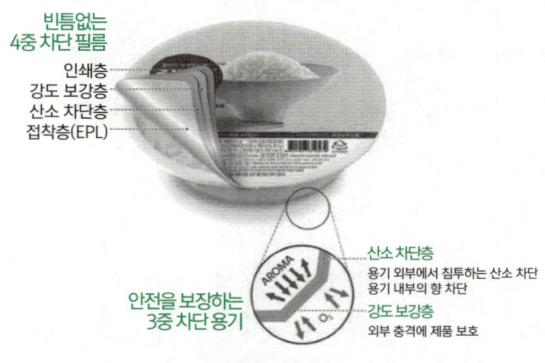

[그림] 복합재질 구조: 용기 뚜껑과 본체 사례

환경부 자료를 보면, 우리가 분리해 배출하는 플라스틱 중에서 OTHER로 분류되는 비중이 20~30%에 이르는 것을 확인할 수 있다. 그러나 이 중 실제로 다시 자원으로 돌아가는 것은 10%도 채 안 된다고 한다. 결국 아무리 꼼꼼히 헹구고 분리해도

OTHER라는 단어 앞에서 소비자의 노력은 멈춘다. 분리수거함에 담긴 플라스틱은 OTHER라는 경계선에서 '다시 쓰임'으로 흘러가는 길이 끊겨버리는 셈이다.

이러한 현실이 반영된 소비자들의 푸념을 온라인 커뮤니티나 SNS에서 확인할 수 있다. "이런 포장재가 왜 OTHER로 가야 하나?", "재생 플라스틱이라는데, 오히려 포장이 더 두꺼워졌다", "제품은 친환경인데 뚜껑이나 라벨은 여전히 분리가 안 된다"라는 불만이 반복해서 올라온다. 어떤 시민은 친환경 포장으로 바뀐 제품을 샀더니 오히려 포장이나 부자재 쓰레기가 더 늘었다고 불평한다.

이런 문제는 제품 설계에서부터 시작된다. 기업은 유통기한 연장, 제품 보호, 가격 경쟁력, 소비자 편의, 마케팅 효과 등을 이유로 여러 재질을 섞은 복합포장을 계속 확대하고 있다.

즉석밥 용기 하나만 봐도 알 수 있다. 신선함을 오래 유지하기 위해선 복합재질 구조가 필수라고 한다. 그러나 이 구조 때문에 선별장에서 분리하기가 어려워졌다. 기계로 분리하는 것도 한계가 있고, 수작업 역시 현실적으로 불가능하다. 현장에서는 "복합재질 용기는 다시 쓸 수 없다. 거의 다 태운다"라고 말한다.

정책의 방향도 문제다. 분리배출 실천율, 재질 표기, 단일재질 권고, 단일화 가이드라인 등 다양한 제도가 쏟아져 나왔지만, 정작 현장에서는 복합재질과 OTHER 분류 용기가 해마다 늘고 있다. 기업은 법이 허용하는 한 복합재질 포장을 고수하고, 정부는 표기 기준과 캠페인에만 힘을 쏟는다. 이 과정에서 소비자의 수고만 늘고 아무리 노력해도, 결국 다시 쓰임을 얻지 못하는 플라스틱만이 쌓인다.

그렇다면 해외에서는 이 문제를 어떻게 풀고 있을까? EU는 '순환경제 패키지'와 '플라스틱 전략'을 통해 포장재 기준을 단일재질로 단계적으로 전환하고 있다. 복합재질 포장재에 대해 별도의 세금을 부과하거나, 일정 비율 이상 단일재질로 만들어야 시장에 유통될 수 있도록 규제한다. 독일은 2019년 '포장재법'을 전면 개정하면서, 재활용이 어려운 복합재질은 회수 비용을 기업이 더 부담하도록 제도를 바꿨다. 일본 역시 포장재 재질 표시제와 함께 '플라스틱 자원 순환법'을 도입해, 분리배출이 쉬운 단일재질을 권장하고 있다. 포장재 구조에 따라 기업의 분담금이 차등 부과되고, 순환경제를 위한 설계 혁신에 투자하는 기업에는 인센티브를 제공한다. 미국의 일부 주에서는 EPR을 통해, 아예 복합재질 포장을 점진적으로 퇴출하는 방안을 논의 중이다.

 해외 정책의 공통점은 실천만을 강조하는 데서 그치지 않고, 포장재 설계와 생산 단계부터 기준을 바꿔야 한다는 사회적 합의, 그리고 규제에 초점을 맞추고 있는 것이다. 재질 표기와 소비자 실천만으로는 한계가 있다는 현실적 진단에서 출발해, 이해관계자 협의체와 공론장, 실질적 규제와 인센티브, 정보공개까지 제도적으로 연결한다.

 그렇다면 우리는 지금 어디에 서 있을까. 한국도 이제 'OTHER는 분리의 끝'이라는 사실을 넘어, '포장재 설계의 시작이 곧 순환의 출발점'이 되도록 정책과 사회적 합의를 다시 짜야 한다.

 기업, 정부, 소비자, 전문가가 함께 나서서 복합재질을 줄이고, 단일재질 전환을 촉진하는 공식 논의 구조와 정보공개 시스템, 품질 기준 강화 등 구조적인 변화를 위한 대화를 시작해야 한다.

단순한 분리배출 캠페인을 넘어서 "어떻게 버릴까?"가 아니라 "처음부터 어떻게 만들까?"를 고민해야 하는 시점이다.

OTHER는 단순한 분류 표시가 아니다. 분리배출의 끝이자, 환경 정책의 구조적 실패를 드러내는 신호다. 진짜 순환의 출발은 의문에서 시작된다. 바로 이 OTHER라는 분류에 관해서도 근본적인 의문을 시작해야 할 때다.

OTHER는 분리의 끝이 아니라,
새로운 합의와 설계가 필요한 출발점이다.

'줄이는 것'은
왜 기록되지 않는가?

"적게 버릴수록 좋다." 이 구호는 한 세대 가까이 환경 정책의 중심이었다. 환경부가 1993년 '폐기물처분부담금' 제도를 도입할 때도, 지자체가 환경 캠페인을 펼칠 때도 '줄이기'를 전면에 내세웠다. 생활 속에서도 '쓰레기를 좀 더 줄여야겠다'라는 생각이 스며 있다. 하지만 정책의 현장에서 이 줄이려는 노력이 구체적으로 어떻게 평가되고 정책 실적이나 예산 집행, 행정의 성과로 이어지는지 묻는 순간, 모든 것이 모호해진다.

'감량'이라는 원칙을 고수했지만, 그 실천과 성과가 정책 구조와 평가 지표에서 실제로 다뤄진 적은 거의 없었다. 수거량, 처리 실적, 재활용률, 예산표 위에 찍힌 숫자들은 매년 비슷한 곡선을 그린다. 모든 것이 정해진 틀 안에서, 특별한 변화 없이 평온하게 움직인다. 이런 매끄러운 수치의 표면 아래, 한 가정이 하루 동안 내놓은 쓰레기의 무게, 한 동네의 분리배출 노력, 한 아이가 비닐을 덜 쓰기 위해 고심했던 흔적은 어디에도 기록되지 않는다. 줄이기 위해 애쓴 하루의 피로와 행정 보고서의 미세한 오차 사이에는 늘 아득한 거리가 놓여 있다. 그렇게 정책의 본질은 시스템의 그늘로 숨어든다.

 행정 시스템은 오랫동안 '결과'만을 추구해 왔다. 정부와 국회, 그리고 각종 평가기관은 예산 집행률과 사업 실적, 물리적 숫자에만 집중한다. 해마다 국정감사장에서는 "예산 불용이 많다", "실적이 부족하다"라는 질책이 반복된다. 남은 예산은 곧 '집행률 저조'로 이어지고, 내년 예산 삭감의 빌미가 된다. 공무원과 정책 담당자들은 돈을 아낀 노력이 실적으로 남지 않는 현실, 과정이 아닌 결과만으로 평가받는 관성 속에서 '어떻게든 예산을 써야 한다는 압박'을 매년 체감한다. 이 분위기에서 감량이라는 과정의 가치는 사라진다.

이런 압박은 현장의 풍경까지 바꿨다. 남은 예산이 있으면 "왜 다 안 썼냐?"라는 지적이 던져 나온다. 그래서 연말이면 전국 곳곳에서 멀쩡한 보도블록이 새것으로 교체되고, 당장 필요하지 않은 물품과 사업이 한꺼번에 추진되는 장면이 언론에 여러 차례 보도됐다. 행정은 '줄이기'의 명분보다 '써야 할 이유'를 찾는 일에 더 몰두한다. 실제로 줄이려는 노력은 수치로 환산되지 못하고, 불필요하게라도 써야만 성과를 인정받는 구조에 익숙해진다.

폐기물 정책 역시 이와 다르지 않다. 정책의 구호는 '줄이자'이지만, 실제로 행정이 보는 것은 얼마나 많이 '처리'했는가뿐이다. 정책의 초점이 '감량'에서 '재활용'으로, 즉 '얼마나 줄였는가?'에서 '얼마나 처리했는가?'로 이동하면서, 감량의 의미는 점차 흐릿해졌다. 실제로 지자체의 폐기물 정책 평가 기준은 분리배출 실적, 선별 실적, 처리량 등 숫자 중심의 실적으로 구성된다. 예를 들어, 대형 마트가 포장재 사용을 줄이거나, 기업이 생산 과정에서 폐기물 배출량을 줄여도, 이 성과는 정부의 공식 실적에 잡히지 않는다. 행정이 관리하는 데이터는 오직 '배출된 쓰레기'와 그 쓰레기를 '얼마나 잘 처리했는가?'에만 집중되어 있다. 줄인 쓰레기는 정책적으로나 통계적으로도 존재하지 않는 셈이다.

환경부가 공식적으로 관리하는 폐기물 통계도 이러한 구조를 반영한다. 공식 평가지표에서 '감량률'은 주요 항목이 아니고, '재활용률'과 '회수량' 중심의 실적이 강조된다. 환경부의 생활폐기물 예산 배분도 '줄인 양'이 아니라 '많이 처리한 실적'을 기준으로 결정된다. 줄이기에 성공해도 오히려 예산이 줄어드는 역설이 반복된다.

중요한 변화는 '폐기물처분부담금'이 실적과 직접 연결된 순간에 일어났다. 감량 실적을 증명하지 못해도, 재활용 실적만 쌓으면 부담금을 면제받을 수 있게 된 것이다. 여기서 비효율적이고 기형적인 구조가 뿌리내리기 시작했다. 실제로는 바로 소각장이나 시멘트 공장으로 보내는 게 더 간단한 폐플라스틱과 비닐도, 행정상 '재활용 실적'을 만들기 위해 인위적으로 중간처리업체를 경유해야만 했다. 그저 선별, 파쇄, 혼합, 분류라는 단계 한 번 더 밟으면 서류상 실적이 쌓인다. 그 결과, 감량 효과는 사라지고, 오히려 처리 단계가 늘어났다.

지자체와 업체 모두 이 구조를 너무도 당연하게 받아들인다. 각종 안내문에는 '분리배출을 잘하면 자원이 된다'라는 문구가 빠지지 않지만, 실상은 다르다. 폐기물이 한 번 더 중간처리업체를 거쳐야만 부담금을 면제받을 수 있다는 행정 논리가 시장을 지배한다. 담당 공무원조차 "그냥 소각장에 보내도 되는 것을, 실적 만들려고 한 번 더 돌린다"라고 말한다. 이렇게 행정은 현장 확인 대신 실적 서류만 챙긴다. 이 과정에서 업체들은 실적만 쌓아도 이익이 보장된다는 것을 알아서, 굳이 감량이나 품질 개선에는 신경 쓰지 않는다.

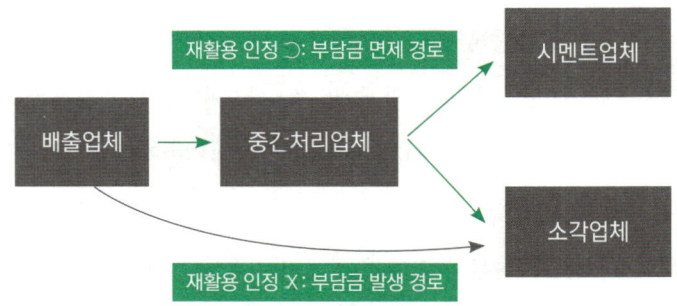

'중간처리업체'만 거치면 똑같이 소각돼도 부담금이 사라진다.

[그림] 재활용의 역설: 경로만 바꾸면 면제되는 부담금

실적 중심의 정책 구조는 시장도 변화시켰다. 2010년대 중반까지 중간처리업체가 급격히 늘었고, 업체들 사이에서는 '실적 쌓기 경쟁'이 벌어졌다. 혼합선별, 파쇄, 집하 등 각종 중간처리 과정이 번잡하게 이어졌고, 단계마다 실적이 중복해서 기록된다. 행정에서도 처리 단계가 늘어날수록 예산 배분이나 평가가 더 유리해지니, 구조적으로 비효율이 반복된다. 업체로서는 굳이 감량이나 고품질 재활용을 하지 않아도, 실적만 남기면 충분하다. 애초에 정책의 명분이었던 '줄이자'는 행정과 현장에서 점점 멀어진다. 실적 중심 행정, 숫자 경쟁 시스템이 '줄이기'라는 정책 본질을 구조적으로 약화시킨 것이다.

이런 구조적 모순에서 현장 실천의 동기가 약화되는 건 자연스럽다. 자연스럽게 현장 담당자와 지자체는 처리 실적을 높이는 데 행정 에너지를 집중한다. 줄인 만큼 불이익이 돌아오는 구조에서, 누가 적극적으로 감량에 나서겠는가. 시민들은 분리배출에만 충실하면 된다는 메시지에 적응하고, 지자체와 사업장은 처리 실적과 분리수거율을 올리는 데 점점 더 자원을 집중하게 된다. 줄이려는 시도는 점점 정책의 변두리로 밀린다. 감량의 의미가 정책 현장에서 멀어질수록, 정책의 명분과 실제 실천은 점점 더 괴리된다.

이제 질문을 바꿔야 한다. "왜 쓰레기를 줄이지 못했는가?"라는 자책이 아니라, "왜 줄이지 않아도 되는 잘못된 시스템이 만들어졌는가?"라는 구조적 질문이 필요하다. 감량의 실질은 사라진 지금, 제도 설계의 허점이 만들어 낸 역설에 다시 주목해야 한다.

> 줄이라는 구호는 남았지만,
> 실적만 중시하는 구조가 감량의 의미를 지웠다.

숫자는 중립적이지 않다: 목적을 설계하는 통계

숫자는 늘 신뢰의 상징이었다. "숫자는 거짓말하지 않는다"라는 말을 습관처럼 반복한다. 숫자가 나오면 모두가 고개를 끄덕이고, 숫자를 기준으로 행정과 정책, 생활의 평가가 정해진다. 숫자가 담아내는 현실은 언제나 '누가, 어디까지, 무엇을' 포함하느냐에 따라 달라진다. 그러나 숫자는 있는 그대로 현실을 비추는 거울이 아니라, 목적에 따라 색을 입히고 크기를 조정하는 렌즈와 같다. 숫자는 한국 사회 전체의 신화로 자리 잡았다. 그리고 국가의 정책 실적, 행정의 방향, 예산 배분, 시민의 신뢰까지 좌우하게 되었다.

이런 구조에서 분리수거 실천은, 결국 '실적'이라는 말로 환산된다. 정부와 지자체, 각종 기관은 '분리수거율'과 '재활용률' 같은 수치에 집중하고 실적을 수치로만 보고한다. 평가와 보상, 정책 방향, 예산까지 모든 게 수치로 결정된다. 이 수치가 기대와 신뢰를 대신하고, 실적만 으르면 된다는 분위기가 사회 전반에 퍼진다. 언론은 '분리수거 실천이 곧 선진국'이라는 이미지를 만들어 낸다. 학교 교과서, 환경교육, 기업 보고서, 각종 캠페인에서도 수치의 권위를 강조한다. 수치는 이제 분석이나 토론의 대상이 아니라, 절대적 믿음이자 설명조차 필요 없는 정책의 근거가 되었다.

  '재활용률'과 같은 수치는 기준의 설계가 곧 '현실'이 된다. 실제로, 재활용률을 산정할 때 어떤 항목을 포함할 것인지, 어디까지 재활용 실적으로 인정할지에 따라 수치는 전혀 다르게 나온다. 플라스틱이 선별장에서 물질 재활용 공정으로 들어가는 비율, 연료화나 열 회수로 넘어가는 양, 선별만 되고 결국 소각되는 양, 이 중 무엇을 포함하느냐에 따라 재활용률이 달라진다. 같은 해, 같은 분리배출을 실천했더라도, 정책이 기준을 바꾸는 순간 성과는 완전히 달라진다.

정책은 이런 숫자의 설계를 통해 '성과'를 만들어 낸다. 어느 해 재활용률이 갑자기 올랐다면, 그 이면에는 대개 기준의 변화가 있었다. 예전에는 물질 재활용만 실적으로 잡았다면, 어느 해부턴가 열 회수까지 실적으로 인정하기 시작했다. 그러면서 실적이 갑자기 올랐다. 생활 현장의 변화, 시민의 노력, 자원의 흐름은 크게 바뀌지 않았는데도, 정책은 성공한 것처럼 포장된다. 수치 하나가 정책의 언어와 현실을 바꿔버린다.

하지만 숫자는 중립적이지 않다. 기준을 넓히면 실적은 커진다. 정책 목표에 따라 지표를 새로 설계하고, 숫자의 범위를 바꿔 실적을 조정하기도 한다. 그 이면에서는 '어떤 실적을 어떻게 집계할 것인가'라는 논의가 오간다. 시민의 분리배출 실천, 시장의 수거·재가공 시스템, 선별장과 처리시설의 실제 흐름은 크게 달라지지 않았어도, 통계 기준의 변화 한 번이면 정책의 방향, 행정의 평가, 예산의 흐름까지 모두 바뀐다.

정책과 행정은 이 숫자의 마법에 매달린다. 행정은 그 숫자에 맞추기 위해 처리 방식을 바꾼다. 실제로 자원이 순환되었는지보다 수치가 잘 나왔는지를 우선하게 된다. 정책과 행정의 목적이 '실제로 다시 쓰이게 하는 것'이 아니라 '통계에 잡히게 하는 것'으로 옮겨간다. 지자체는 매달 분리배출 실적을 보고하고, 환경부는 해마다 '자원 순환 성과 평가'를 실시한다. 실적이 오르면 정책은 성공으로 평가되고, 목표치에 미치지 못하면 추가 대책과 홍보가 뒤따른다.

예산 배분 역시 실적 수치에 맞춰 이뤄진다. 환경부와 지자체는 분리배출 참여율, 재활용률, 수거량 등 각종 지표에 따라 인센티브를 지급한다. 그 결과, 시민이 실천한 모든 과정도 '실적'이라는 이름으로만 해석된다. 정책은 수치에만 집중하고, 시민의 수고는 실제 순환 구조로 연결되지 못한다. 이런 구조는 시민의 실천까지 구조적으로 왜곡한다.

언론도 그 숫자를 인용한다. 어느 해였던가, "재활용률이 크게 올랐다"라는 보도가 쏟아졌다. 특별히 분리배출을 더 깔끔히 했거나, 모두가 생활 습관을 바꿔 더 효율적으로 분리수거되었기 때문이 아니다. 정책이 실적의 범위를 넓히고, 열 회수 같은 처리를 실적에 포함했기 때문이다. 단지 처리 방식이 바뀌었을 뿐, 자원의 순환이나 시민의 부담은 그대로다. 그런데도 실적은 오르고, 보고서에는 또 한 번 '성공'으로 기록된다.

정책학적으로 볼 때, 이런 '목표-수단' 전도 현상은 실적 관리 중심 정책의 한계다. 실적의 숫자를 높이는 수단이 본래의 정책 목표와 멀어질 때, 통계상 '성공'만이 남고 진짜 순환은 흐려진다. 이러한 현상은 정책학에서 '경로 의존성' 개념으로도 설명할 수 있다. 정책은 과거의 제도와 관행에 묶여 새롭게 전환하기 어려운 경향을 가진다. 경로 의존성은 단순히 과거의 정책을 답습하는 것만을 뜻하지 않는다. 특정 제도의 설계와 평가 방식이 일단 자리 잡으면, 그것이 계속해서 정책 방향과 집행 방식을 규정하고, 다른 변화 가능성을 제한하는 강력한 힘으로 작동한다.

한국의 재활용 정책이 바로 이런 상황에 부닥쳐 있다. 한 번 정착한 '재활용률 중심의 실적 관리' 체계는 여러 이해관계자의 이익과 행정 관행에 얽혀 빠져나오기 힘든 굴레가 된다. 이로 인해 제도의 틀은 자원의 실제 순환이라는 본질적 목표와 괴리된 채 유지된다.

정책은 단순한 계획과 규제, 실적 집계에 머물러선 안 된다. 현장의 변화와 순환의 흐름을 만들어 내는 '설계'여야 한다. 자원 순환이 진짜 '순환'으로 작동하기 위해서는 무엇보다 정책이 '실질적 변화'를 이끄는 구조적 설계로 거듭나야 한다. 보고서와 통계가 아니라, 현장에서 자원이 실제로 다시 쓰이는 흐름을 정책이 설명해야 할 때다.

아울러, 경로 의존성을 깨고 새로운 방향으로 전환하는 사회적 실험이 함께 진행돼야 한다. 이러한 근본적 변화 없이 단기적 숫자에 집착하는 정책은 실패의 반복을 낳는다.

> 숫자가 현실을 설명하는 것처럼 보이지만,
> 사실은 정책의 방향 설계에 참고하는 도구일 뿐이다.

언어와 숫자가 만든 착시: 재활용 대국이라는 허상

'재활용'이라는 말은 이제 누구에게나 익숙해졌다. '재활용'은 이미 생활의 일부, 실천의 정답처럼 자리 잡았다. 시민 모두가 열심히 쓰레기를 분리해 배출하는 일상이 하나의 문화처럼 자리 잡았다. 시민 대부분은 열심히 실천하며, 재활용이 잘되고 있다고 믿는다.

환경 캠페인에서는 재활용이라는 단어를 인용해, '순환경제', '플라스틱의 새 삶' 등의 긍정적인 말을 내세운다. 정책, 기업 홍보, 시민 인식이 모두 '재활용'이라는 하나의 단어로 포장된다.

우리나라 자원 순환 정책에서 '재활용률'은 가장 중요하고도 대표적인 성과 지표다. 정부와 지자체, 기업 모두 이 수치를 환경 정책 성공의 근거로 삼는다.

이처럼 일반화된 '재활용'의 정책상 정의는 폐기물관리법 제2조와 시행령 별표1에 근거를 두고 있다. 법령상 '재활용이란 폐기물을 원료나 연료로 활용하는 일', 즉 폐기물이 제품의 원료로 다시 쓰이거나 연료·에너지로 전환되는 경우를 모두 포함한다. 그러므로, 정부 환경부가 공식 발표하는 재활용률은 모든 폐기물이 '재활용 처리시설에 투입된 양'을 기준으로 계산된다. 즉, 생활쓰레기는 물론, 건설 현장의 폐자재, 공장 슬러지, 소각장에 투입되는 고형연료 등 다양한 폐기물까지 포함한 수치이다.

2015년 환경부가 「재활용 실적 집계지침」을 개정하면서 열 회수, 연료화 등 이른바 '에너지 회수형 재활용'이 공식 실적에 포함되기 시작했다. 이 지침에 따라 SRF(Solid Refuse Fuel, 가연성 폐기물연료화)는 '에너지 회수형 재활용'으로 분류된다. 그 결과, 많은 폐플라스틱과 복합재질 포장재, 이물질이 섞인 폐기물이 SRF로 전환돼 시멘트·제지 공장으로 향했고, 이 과정이 모두 재활용 통계에 합산됐다.

2022년 기준 국내 SRF 사용량은 454만 톤으로, 2020년 대비 꾸준히 증가했다. 2022년 폐플라스틱 투입량도 143만 톤에 달했다. 지자체별 재활용 실적 발표를 살펴보면, SRF 등 에너지 회수 실적을 포함해 재활용률이 높아진 해가 많다. 서울, 인천, 경기 등 수도권의 경우, 전체 분리배출량 중 상당 부분이 SRF·연료화 처리로 이어지고 있음이 정책 자료와 보도 자료를 통해 확인된다.

시멘트·제지 공장 연료화가 '재활용 실적'에 포함되면서, 실제로 언론과 정부, 기업이 내세우는 '재활용률'은 점점 높아지고 있다. 2021년 환경부 통계에 따르면, 한국의 플라스틱 폐기물 재활용률은 73%, 생활계 폐기물만 보아도 57%에 이른다. EU의 32.5%, OECD의 9%와 비교해 보면, 월등히 높은 수치임을 확인할 수 있다. 2022년에는 전체 폐기물 재활용률 86%, 플라스틱 재활용률 73%라고 발표했다.

시민들은 이러한 수치를 그대로 믿는다. 하지만 이 익숙한 언어와 숫자 뒤에는 숨겨진 현실이 있다. '재활용'이라는 단어가 가진 다층적인 의미와 '재활용률'이라는 수치가 현실과는 크게 괴리되어 있음을 아는 이는 드물다.

 실제 다시 쓰여지는 폐기물은 얼마나 될까? 통계상 '재활용' 처리시설에 들어간 폐기물은 모두 재활용 실적으로 잡히지만, 이 가운데 실제로 원료나 제품 등으로 환원되는 '물질 재활용'의 비율은 환경부 '자원 순환성과관리지표'(2021) 기준 약 22~25%에 그친다.

[그림] 분리수거의 종착역, 소각이라는 역설

 기업도 재활용률 수치의 착시를 홍보에 이용한다. 대기업 A는 제로 웨이스트(Zero Waste)를 선언하고, 폐기물의 97%를 재활용

한다고 홍보한다. 공식 보고서와 기업 ESG 실적에 이러한 수치가 그대로 '재활용' 처리량으로 집계되어 기록되었다. 그러나 현실은 전혀 달랐다. 이 기업은 폐기물의 상당량을 시멘트 공장 소성로로 보낸다. A 기업의 경우 시멘트 소성로로 보내는 폐기물을 제외하면 실제로 '다시 쓰임'을 얻는 재활용률은 절반에 불과하다. 겉으론 '제로 웨이스트'라는 선언과 '재활용 97%'라는 수치를 내세우지만, 그 이면에는 플라스틱이 소각로에서 사라지는 현실이 숨어 있다.

이런 착시는 A 기업 한 곳만의 문제가 아니다. 국내 많은 기업과 지자체, 정부의 '재활용' 실적 속에는 시멘트 소성로에서의 처리 같은 소각 방식이 대거 포함되어 있다. 그린피스가 분석한 2022년 주요 폐기물 반입 통계를 보면, 상위 10대 대기업이 시멘트 소성로에 보낸 폐기물은 연간 수십만 톤에 달했다.

이러한 구조는 더 큰 문제를 유발한다. 시멘트 소성로에 폐기물이 과도하게 투입될수록 불완전 연소가 증가해 미세먼지, 다이옥신, 중금속 등 유해 대기 오염 물질 배출이 심화된다. 이러한 오염은 인근 주민들의 건강에 직접적인 위협을 가하며, 생태계에도 악영향을 미친다. 이처럼 '재활용'이라는 이름으로 포장된 이 과정이 사실은 환경과 건강에 큰 부담을 주는 역설적 상황을 만들어 낸다. 눈에 보이지 않는 환경 비용과 사회적 비용이 재활용률 착시 뒤에 숨어 있는 것이다.

정책 시스템이 수치를 우선할 때 발생하는 착시로 실질적인 변화는 가려진다. 실적을 통계로 집계하는 방식, 평가와 예산, 행정 성과가 모두 '재활용률'이라는 수치에 종속될 때, 현장에서의 품질 변화나 순환의 질적 변화는 통계 속에 숨겨진다. 환경부의 '생활폐기물 재활용률' 통계에는 소각과 에너지 회수, SRF까지 모두 포함되며, 물질 재활용과 에너지 회수의 비율이 구분되지 않는 경우가 많다.

국제 환경단체들도 한국의 통계 기준에 계속 의문을 제기한다. 선진국에서는 소각이나 연료화, 에너지 회수를 별도로 분류한다. 따라서 같은 절차로 플라스틱을 처리했는데, 한국에서는 재활용 처리로 기록되고 유럽에서는 소각 처리로 기록되는 것이다.

현장에서는 이런 통계의 허점이 더 분명하게 드러난다. 한 언론 보도에서 현장 관계자들은 "실제로 재활용되는 양은 적은데, 모두 실적으로 잡힌다"라고 설명했다. 관련 담당자들도 "시설에 투입된 양만 통계 관리하고, 실제 순환은 따로 확인하지 않는다"라고 여러 차례 밝혔다. 즉, 매립 5%, 소각 6%, 그리고 '재활용률 86%'라는 수치는 분리된 쓰레기가 얼마나 실제로 순환되고 다시 쓰였는지를 보여주지 못한다는 의미이다.

언어가 만들어 낸 재활용의 허상과 그 허상을 뒷받침하는 숫자의 신화는 사회 전반에 '실제 순환'에 대한 오해와 불신을 동시에 심어준다. 수치만 높아지고 실질적 순환이 뒤처지는 '재활용률 착시'는 순환경제에 대한 허상을 키운다. 기업과 정부, 그리고 시민 모두가 '착한 실천', '좋은 성과'라는 착각에 빠지게 된다. 기업은 실적을 높였다고 홍보하고, 정부는 '재활용 대국', '순환경제 모범국'이라는 이미지를 내세운다. 실제로는 플라스틱의 본질적 순환이 아닌, 소각·에너지 회수라는 처리 방식에 기댄 재활용률 부풀리기일 뿐이다. 언론과 시민도 높은 숫자만 보고 안도한다. 모호한 정책 용어와 통계 수치의 마술은 사회 전체가 구조적 문제를 인식하지 못하게 하고, 오히려 안심하게 만든다.

EU와 미국 등은 이런 언거와 숫자의 착시를 이미 극복하고 있다. EU는 2021년 이후 일회용 플라스틱 퇴출, 단일재질 설계 의무, EPR 실질 평가, 그리고 무엇보다 '물질 재활용률'만을 공식 통계로 삼는 방향으로 전환했다. 플라스틱이 실제로 다시 자원으로 돌아오지 않으면, 아무리 에너지를 얻어도 '재활용'으로 분류하지 않는다. 미국 역시 플라스틱 폐기물 처리 실적에서 '에너지 회수'를 분리해 통계화한다. 그 결과, '진짜 재활용'이 무엇인가에 대한 사회적 합의가 점점 명확해지고 있다.

[그림] 다시 쓰읍이 먼저, EU 폐기물 관리 원칙

이러한 기준에서 보면, 한국의 '재활용률'은 실질적으로 선진국 평균에도 못 미치는 수준이다. 국제 기준으로 우리나라의 플라스틱 물질 재활용률을 계산하면 16.4%에 그친다. 2023년 충남

대학교 연구팀이 유럽 기준으로 국내 재활용률을 다시 산출한 결과 이러한 수치를 확인했다. 시민이 애써 분리해 배출한 플라스틱 10개 중 1~2개만이 다시 자원으로 돌아가는 셈이다. 그 외의 83.6%의 플라스틱은 불에 태워져 사라지거나 매립되고 만다.

국내는 이 기준 변화가 아직 시작 단계다. 이제 '재활용'이라는 언어와 그 뒤에 숨은 숫자까지 함께 재정의해야 한다. 플라스틱을 태워 에너지를 얻는 구조에서 벗어나, 진짜로 다시 쓰임이 일어나는 구조를 만들기 위한 기준이 필요하다. 시민의 실천만으로는 불가능하다. 기업과 정책, 시장이 구조를 바꾸지 않는다면, 겉으로 보이는 숫자의 신화만 계속될 뿐이다.

이제는 '재활용률' 수치에만 의존한 성과 중심 정책에서 벗어나야 한다. 실적이 아닌 진짜 순환의 흐름을 보여주는 기준을 만들어야 한다. 에너지 회수, SRF, 연료화가 모두 재활용 실적으로 잡히는 현실 속에서, 소비자와 현장이 공감할 수 있는 자원 순환 구조로의 변화가 필요하다.

언어와 숫자가 주는 착시는 잘못된 허상을 만든다.
그 뒤에 숨은 현실을 직시해야 할 때다.
진짜 순환은 언어와 숫자가 아니라 구조에서 시작된다.

1장 분리배출했는데, 왜 모두 태우나요?

법과 제도,
왜 현실을 못 따라갈까?

구조의 단절과 법·제도의 한계

두 개의 법:
하나의 시스템은 없었다

우리는 '분리배출'이라는 시스템이 곧 자원 순환의 첫걸음이며, 뒤이어 펼쳐질 길도 단순하리라 생각한다. 하지만 실제로 시민의 한 방향 실천 뒤에는, 전혀 다른 두 개의 법이 서로 반대의 길을 가리키고 있다.

한국의 순환경제 법체계는 이름부터 엇갈린다. '순환경제사회법'은 그 이름처럼 '순환' 중심으로 설계되어 있고, '폐기물관리법'은 '처리' 중심으로 구성되어 있다. 전자는 자원의 효율적 사용과 장기적 순환 구조를 지향하고, 후자는 빠른 소각·매립 시스템을 강조한다.

좀 더 구체적으로 말하면 다음과 같다. 상위법인 순환경제사회법은 '자원의 순환'을 내세운다. 그래서 이전에 이 법의 이름은 '자원순환기본법'이었다. 이 법은 폐기물을 최소화하고 최대한 다시 쓰면서, 순환의 고리를 끊지 않으려는 미래 지향적 구호를 내세운다. 그러나 하위법인 폐기물관리법은 '폐기물의 신속하고 안전한 처리'를 명시적 목표로 삼는다. 이 법은 폐기물이 남지 않도록 빠르고 깔끔하게 소각 및 매립할 수 있는 시스템을 설계한다.

[그림] 자원 순환을 둘러싼 두 법의 충돌

이 두 가지 법은 모두 환경을 위한 법이지만, 하나는 오래 쓰기를 강조하고 다른 하나는 빨리 버리기를 독려한다. 현장에서 이 두 목표가 교차하는 순간, 제도는 오히려 혼란의 늪으로 빠져든다. 두 법이 현장에서 충돌하는 양상은 다음의 비교표를 통해 더 분명히 알 수 있다.

〈표〉 폐기물관리법 vs 순환경제사회법

구분	폐기물관리법(1986년 제정)	순환경제사회법(2024년 제정)
배경	폐기물에 의한 환경 오염 문제	순환경제 사회 필요성
추진 전략	감량 → 재활용 → 처리	원자재 → 디자인/제조 → 유통/소비·사용 → 수거 → 재활용 → 순환
주요 내용	폐기물 중심 관리	원료 및 제품 전 주기에 걸친 자원 순환

고품질 플라스틱 재생 설비 도입 과정은 이 구조적 혼란을 잘 보여준다. 순환경제사회법의 기본 정신에 따르면 이러한 설비는 첨단 순환 자원화 기술로 장려와 지원의 대상이 된다. 그러나 인허가 단계로 접어들면 폐기물관리법의 적용을 받게 되어, 해당 설비가 '폐기물 처리시설'로 간주된다. 이 경우 까다로운 인허가 요건, 주민 동의, 도시계획 제한 등이 겹쳐 새로운 설비 도입이 크게 지연되거나 무산되는 일이 발생한다. 이처럼 고품질 재생을 위한 이러한 설비 도입은 제도적 미궁에 갇혀 있다. 상위법이 장려한 시설이 하위법에서는 규제 대상으로 바뀌는 모순, 즉 법령 간 충돌이 현장의 발목을 잡는 전형적 사례다.

이러한 법제의 이중 구조는 생활 곳곳에 복합적인 혼선을 낳는다. 지자체는 분리배출을 장려하지만, 수거된 폐기물의 상당수는 처리 실적에 따라 소각·매립되는 것이 그 예이다. 정책 목표는 '순환'이지만, 실제 행정은 '처리'를 중심으로 움직인다. 현장에서는 "같은 플라스틱을 두고, 왜 한쪽은 '순환'되지만 한쪽은 '처리'로 가는가?"라는 질문이 반복된다.

이런 제도적 분열은 현장에 현실적인 한계를 남긴다. 기업은 미래 투자를 망설인다. '순환경제사회법'을 믿고 설비를 짓다가, '폐기물관리법' 때문에 인허가가 나지 않아 투자금을 잃었다는 현장의 목소리는 점점 더 늘어난다. 공공과 민간, 정부와 기업, 그리고 시민의 행동 사이에는 보이지 않는 법적 단절이 깊어지고 있다. 제도는 하나의 흐름을 설계하지 못한 채, 각각의 목표만을 향해 따로 움직인다.

이러한 구조적 문제는 단순한 비효율을 넘어, 심각한 사회적 문제와 행정의 신뢰 상실로 이어진다. 2019년 경북 의성에서 벌어진 '쓰레기 산' 사건이 이 문제의 상징이자, 대표적 예이다. 한 민간 업체가 계약만 따내고 폐기물을 처리하지 않았으며, 결국 쓰레기를 방치한 채 종적을 감췄다. 그 결과, 19만 톤이 넘는 폐기물이 산처럼 쌓여 방치된 모습은 국민적 충격으로 남았다. 이렇게 방치된 쓰레기를 처리하는 데 무려 1년 7개월이 걸렸다. 그리고 산처럼 쌓였던 쓰레기의 상당수는 시멘트 공장 소성로로 보내졌다. 아이러니하게도, 이 쓰레기들이 소각되는 과정은 '재활용 실적'으로 기록됐다. 불법 방치로 인한 국가적 재난이 통계상 '재활용률' 상승의 성과로 포장되는 현실적 모순, 그 한복판에 이중적 법제와 실적 중심 시스템이 놓여 있다.

〈표〉 2019년 '쓰레기 산' 사건 폐기물 처리 현황

구분	폐기물 발생량 (단위: 만 톤)	처리 방법(단위: 만 톤)		
		재활용 (시멘트 소성로)	매립	소각
처리 현황	19.2	13.0	4.8	1.4
	100%	67.7%	25.0%	7.3%

[자료: 환경부]

환경부는 2023년 이후 여러 차례 '물질 재활용 중심'의 자원 순환 정책 전환을 약속했다. 에너지 회수, 즉 시멘트 소성로와 같은 태워서 열을 뽑는 처리는 재활용에서 제외하겠다는 입장도 밝혔다. 이는 국회 국정감사, 정책 보고서, 여러 언론 인터뷰 등에

서 공식적으로 공개된 방향이었다. 그러나 실제 인허가, 행정 절차, 현장 집행은 달라지지 않았다. 환경부는 방향 전환을 선언했지만, 하위법에 뿌리내린 행정 관행은 바뀌지 않았다. 법령 체계와 행정 실무 사이에는 여전히 깊은 틈이 존재한다. 현장에선 하위법이 모든 실무의 기준에 되었고, 선언은 현실의 관행에 묻혀버렸다. 분리배출로 시작한 시민의 실천이 어디로 흘러갈지는 여전히 두 개의 법으로 결정되지만, 두 개로 나뉜 길 사이에서 방향을 찾지 못하곤 한다.

시스템이 통합되지 않은 채로는, 실천이 아무리 반복된다 해도 순환의 완성은 요원해진다. 문제는 실천이 아니라 설계다. 자원 순환의 길목에 남은 이중적 법제의 벽을 깨고 구조적으로 바뀌지 않는 한 순환은 구호로만 남을 뿐이다.

이제 질문을 바꿔야 한다. "왜 쓰레기를 줄이지 못했는가?"라는 시민에게 책임을 묻는 질문이 아니라, "왜 시민의 실천만 강조하는 잘못된 시스템이 만들어졌는가?"라는 구조적 문제를 해결하기 위한 질문이 필요하다. 제도 설계에 허점이 왜 만들어졌는지 질문해야 할 때다.

하나는 하라 하고, 다른 하나는 하지 말라 한다.
법체계의 분열은 우리 사회를 혼돈에 빠뜨린다.

플라스틱의 숙명:
구조가 재활용을 거부하다

 분리배출이 일상화된 만큼, 플라스틱을 종류별로 분리해서 버리는 일이 어느새 일상생활의 기본이 됐다. 아파트나 빌라의 복도와 베란다마다, 투명한 페트병, 깨끗이 씻은 일회용 도시락, 그리고 포장 비닐이 분리되어 쌓여 있다. 음식 배달을 시키면 검은 플라스틱 용기, 투명 뚜껑, 각기 다른 재질의 포장 비닐, 일회용 수저와 빨대까지 한 번에 쏟아진다. 포장을 해체해 가며 '이건 어떤 재질일까?' 고민하는 순간부터, 우리는 복잡한 구조에 들어가게 된다.

 코로나 19 감염병 확산 이후 음식 배달과 포장 주문이 폭발적으로 늘었다. 환경부에 따르면 2020년 기준, 생활폐기물 중 플라스틱 폐기물 발생량은 전년 대비 18.9% 증가했다고 한다. 1인 가구 증가와 맞춤 간편식, 밀키트, 소포장을 선호하는 추세도 플라스틱 사용량 증가의 원인이다.

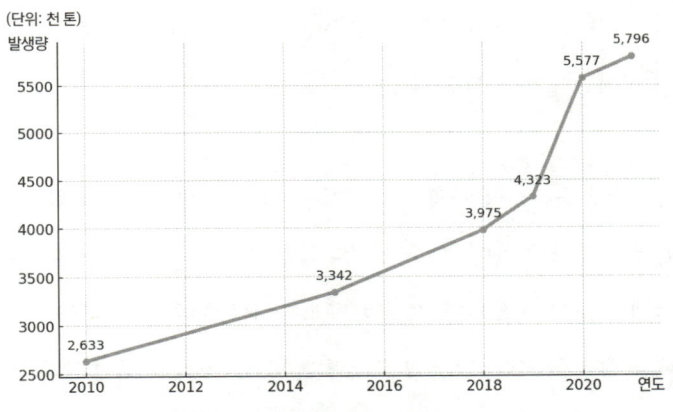

[그림] 연도별 국내 생활계 플라스틱 폐기물 발생량

그런데 이렇게 배출된 플라스틱의 흐름은 어디서 끊기는 걸까? 분리배출을 거쳐 선별장까지는 비교적 잘 도달한다. 하지만 복합 재질이거나 오염이 남아 있으면, 대부분 다시 쓰이지 못하고 탈락된다. 선별장에서 걸러진 플라스틱 중 일부만이 재생 원료로 전환되고, 나머지는 소각되거나 시멘트 공장 연료로 사라진다.

이는 한국만의 문제가 아니다. OECD가 2022년 발표한 '세계 플라스틱 전망'에 따르면, 2019년 기준 전 세계 플라스틱 폐기물 중 실제로 다시 쓰인 비율은 9%에 불과하다. 그나마도 대부분은 깔판이나 건축자재 등 저가 재생 제품으로만 사용된다. 즉, 순환의 흐름은 통계와 정책의 언어 뒤에 감춰져 있다. 내가 분리배출한 플라스틱이 새 제품으로 돌아오는 일은 전 세계적으로도 점점 더 어려운 일이 되고 있다.

이처럼 플라스틱 재활용의 흐름이 끊기는 원인에는 복합재질 분류의 증가도 있다. 하루가 멀다고 쏟아지는 포장재 속에는, 이전에는 보기 힘들었던 재질과 구조가 뒤섞인다. 대표적인 것이 배달 음식 용기다. 검은색 도시락 본체, 투명 혹은 유색의 뚜껑, 내부 칸막이, 이중 포장 비닐 등은 모두 각기 다른 플라스틱으로 만들어진다. 테이크아웃 음료 용기도 예외가 아니다. 플라스틱 컵, 뚜껑, 빨대는 모두 다른 재질로 만들어진다. 최근에는 PLA 빨대, 종이와 플라스틱이 겹친 뚜껑, 내부 코팅이 추가된 컵까지 등장했다. 대형 마트, 온라인 쇼핑몰에서 파는 식품은 이중, 삼중 포장에 개별 래핑, 트레이, 소분 포장이 더해진다. 화장품, 생활용품, 냉장·냉동식품, 샘플 키트까지 몸체, 뚜껑, 내부 실링,

코팅, 라벨이 전부 다른 재질로 만들어진다. 서로 붙어 있거나 완전히 분리되지 않는 구조가 대부분이다.

이러한 용기 표면에는 음식물이 남기 쉽고, 뚜껑과 몸체가 접합되어 분리하기도 어렵다. 아무리 소비자가 꼼꼼히 헹군다 해도, 미세한 찌꺼기와 기름기는 남는다. 특히 검은색, 유색 플라스틱은 기계적 선별에서 재질 판별이 어렵고, 재활용업체에서 '불량품' 취급을 받기 쉽다. 게다가 PLA 빨대나 생분해성 플라스틱은 국내에 처리 기반이 거의 없다. 대부분이 다른 플라스틱과 함께 섞여 일반 소각 또는 매립으로 향한다. 종이와 플라스틱이 결합된 포장재 역시 분리가 사실상 불가능하다. '친환경'이나 '생분해성'이라는 문구가 붙어 있어도, 실제로는 구조의 벽을 넘지 못하는 경우가 더 많다.

플라스틱 용기와 포장은 설계 단계에서 다양한 재질, 코팅, 접합 등 구조를 고려하여 만들어진다. 기업들은 비용 절감, 생산 효율, 유통 편의, 마케팅만을 고려해 설계한다. 혼합재질, 비분리 구조, 내부 실링 등은 제품의 파손 방지나 시각적 효과, 판매 촉진을 위해 도입된다. 생산 현장에서는 비용과 물류 편의가 먼저 고려되고, 분리와 재생은 부차적인 기준이 된다.

 일부 기업은 재활용이 어려운 구조라는 것을 알면서도, '재활용 용이성'은 기준에서 제외한다. 부담금만 더 내면 계속해서 같은 구조로 제품을 생산할 수 있다. '재활용 용이성 평가'에서 '어려움' 등급을 받아도 실질적 생산 제한은 없고, 단순히 EPR 분담금만 높아질 뿐이다.

 이런 현실이 반복되면서 플라스틱 분류에서 OTHER 항목이 빠르게 늘고 있다. OTHER는 재질이 확인되지 않거나 복합재질로 분리·재활용이 불가능한 플라스틱을 모두 포함한다. 2022년 환경부 발표 자료를 보면, 생활폐기물 중 OTHER 플라스틱 비중은 전체 플라스틱 폐기물 발생량의 30% 이상을 차지했다. OTHER는 겉으로는 '기타'라는 말로 덮이지만, 실제로는 '처리 불가'라는 의미에 가깝다.

 이런 정책적 한계는 그대로 현장에 투영된다. 선별장에는 매일 OTHER로 분류된 플라스틱, 분리되지 않는 코팅 용기, 복합재질 포장재가 쌓여간다. 자동 선별기는 색상과 재질의 미세한 차

이까지 구분하지 못해서, 수작업 선별을 해도 이물질과 결합재, 분리 불가 구조로 인해 다시 자원으로 돌아가는 플라스틱은 소수에 불과하다.

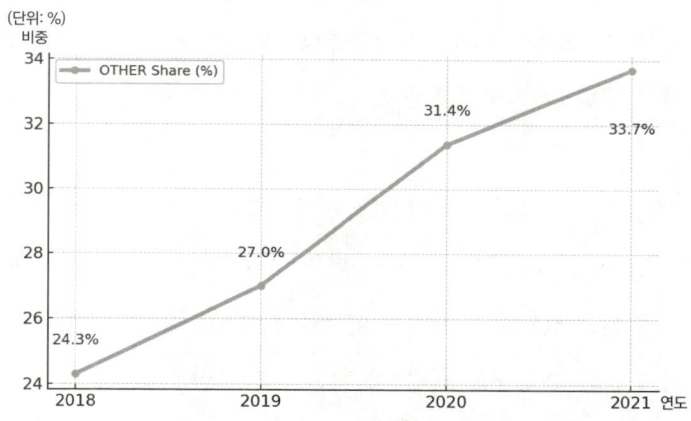

[그림] 연도별 OTHER(기타) 플라스틱 폐기물 비중 변화

한국의 플라스틱 재활용 구조는 현장과 정책, 통계가 분리돼 있다. 정부는 해마다 플라스틱 재활용률이 50%를 넘는다고 발표한다. 환경부가 발표한 '2022 환경통계연감'을 보면, 2021년 우리나라에서 분리배출된 플라스틱 폐기물의 재활용률은 56.7%로 집계됐다. 같은 해 유럽은 40.6%로 나왔다. 하지만 환경부가 발표한 이 통계 안에는 '에너지 회수'라는 이름의 소각, 열 생산,

SRF 등이 포함된다. 실제로 선별장에서 걸러진 플라스틱의 상당수는 품질 저하, 복합 구조, 시장 수요 부족, 잔여 이물질 등으로 인해 소각 또는 매립된다. 결국, 전체 플라스틱 폐기물 중 '실질적인 물질 재활용률'은 20%를 밑도는 결과가 반복된다. 시민이 기대하는 '플라스틱이 다시 플라스틱으로 돌아오는 순환'은 통계에서 이미 소각으로 치환된다.

플라스틱 구조의 복잡성, OTHER 분류의 증가, 소포장·복합재질 확산, 이런 변화는 구조부터 다시 설계되지 않는 한, 소비자의 실천만으로는 순환으로 이어질 수 없다. 시민이 아무리 정성껏 분리해도, 구조가 바뀌지 않으면 그 노력은 선별장에서 멈춘다.

이처럼 한계가 명확해지자, 세계 각국은 플라스틱 순환의 해법을 '구조'에서 찾기 시작했다. 더 이상 분리배출과 시민 실천만으로는 순환을 만들 수 없다는 현실을 받아들인 것이다.

EU는 포장재가 단일재질로 설계되었는지, 실제로 분리와 회수가 가능한 구조인지까지 꼼꼼히 평가한다. 페트병 하나만 보더라도 투명한 재질인지, 뚜껑은 다른 재질과 혼합되지 않았는지, 라벨은 쉽게 떨어지는 구조인지, 코팅은 없는지까지 세부적으로 규정한다. 2021년부터는 일회용 플라스틱 사용을 단계적으로 금지하면서, 일상에서 흔히 접하던 일회용품이 시장에서 점차 사라졌다. 이제 정책의 무게 중심은 시민의 분리배출이 아니라, 제품 설계 단계에서부터 순환이 가능한 구조를 만드는 것으로 옮겨졌다.

이를 제도화한 것이 '에코 디자인(Eco Design)' 정책이다. 에코 디자인은 단순히 권고 수준이 아니라, 법적 규제이자 시장 진입의 필수 조건으로 작동한다. 복합재질이나 분리가 불가능한 포장재는 애초에 생산 자체가 제한되며, 모든 제품은 시장에 나오기 전부터 소재, 내구성, 분리 용이성, 재활용성 등 환경 기준을 의무적으로 검증받는다. 이 기준을 통과하지 못하면 유럽 시장에 유통될 수 없다.

기업은 제품을 설계하는 초기 단계에서부터 재활용과 회수가 가능하도록 구조를 짜야 하며, 불필요한 포장재를 사용할 경우 플라스틱 포장세나 추가 부담금을 내야 한다. 이는 단순히 생산자에게 비용을 전가하는 수준이 아니라, 순환을 방해하는 제품은 시장 진입 자체가 불가능하다는 강력한 메시지다. 그 결과 환경 기준에 미달하는 제품은 자연스럽게 시장에서 퇴출당하고, '처음부터 재활용의 순환을 가능하게 하는 설계'가 기업 생존의 주요 과제가 되었다.

독일과 프랑스는 포장지가 실제로 다시 자원으로 쓰이지 않는 구조로 되어 있으면 생산자에게 부과하는 부담금을 3~4배까지 늘렸다. 일부 대형 유통업처는 '재활용 용이성 인증'을 받지 못한 포장재의 입점을 제한하거나 아예 판매 자체를 중단하기도 한다. 정책이 실천을 요구하는 것이 아니라, 구조를 바꾸도록 기업에 책임을 묻는 구조다.

캐나다는 2022년 말부터 일회용 플라스틱 생산·수입·판매를 법으로 제한했다. 한 번 쓰고 버려지는 봉투, 식기, 빨대, 용기 등이 규제 대상이다.

호주도 EU처럼 2021년 '플라스틱 감축법'을 통해 일회용 플라스틱의 단계적 퇴출을 선언했다. 중국은 2018년 플라스틱 폐기

2장 법과 제도, 왜 현실을 못 따라갈까?

물 수입을 전면 중단한 뒤, 2025년까지 분해되지 않는 일회용 플라스틱의 생산·유통·사용을 모두 금지하는 방침을 세웠다.

이제는 실천의 한계를 넘어, 구조 자체를 바꾸는 것만이 진짜 순환의 시작이라는 사실을 모두가 인식하기 시작했다. 순환의 조건은 더 이상 소비자 실천에 있지 않다. OTHER 분류의 방치와 복합재질의 유통을 멈추지 않는 한, 정성껏 분리해 배출한 플라스틱은 여전히 소각로와 매립장으로 향한다.

이제 우리는 근본적인 질문을 던져야 한다.
"과연 이 시스템을 누가 움직이고 있는가?"
"쓰레기의 운명을 실제로 결정하는 주체는 누구인가?"
"누가 구조를 바꿔야 하나?"

소비자의 책임을 넘어 '기업', '정책', '제도'가 구조 전환의 주체가 되어야 한다. 정책의 목표는 실적이 아니라, 실제로 다시 쓰이게 만드는 구조 그 자체가 되어야 한다. 만약 이 전환이 없다면, 플라스틱 순환이라는 약속은 결국 '실천의 벽' 앞에 멈춰 설 수밖에 없다.

> 플라스틱 순환의 조건은 시민의 손끝이 아니라,
> 다시 쓰이게 만드는 설계 구축이다.

2장 법과 제도, 왜 현실을 못 따라갈까?

계획은 쌓였는데,
현장은 그대로

 분리수거장이 있는 장소를 걸으면, 벽에 붙은 새로 바뀐 캠페인 포스터가 눈에 띈다. '분리배출은 깨끗이, 정확하게.' 마치 현장에 변화를 약속하는 듯한 문구다. 그 옆에는 '분리배출 표시 의무화', '포장재 단일화', '자원 순환 정책 대전환' 같은 대책 안내문도 보인다. 정부와 지자체는 분리배출 실천율, 재활용률, 포장재 개선 성과를 언제나 강조한다. 하지만 분리수거함을 열어보면 현장은 예전과 크게 다르지 않다. 플라스틱 용기에는 OTHER 7번, 복합재질이라는 표기가 여전히 붙어 있다. 투명 페트병, 유색 페트병, 코팅된 종이컵, 생분해 봉투와 일반 비닐까지 온갖 포장재가 뒤섞여 나온다.

몇 년 전부터 '포장재 단일화'가 환경부 정책의 핵심 과제로 발표됐다. 기업은 단일재질 포장재를 늘린다고 했고, 지자체는 분리배출 교육을 강화한다고 했다. 언론도 '분리배출 혁신', '재활용률 세계 최고' 같은 긍정적인 메시지를 반복했다. 하지만 집에서 쓰는 포장재를 자세히 보면 뚜껑, 본체, 라벨이 모두 다른 재질로 된 제품을 여전히 쉽게 발견할 수 있다.

현장에서 만난 관계자는 이렇게 말한다. "정책이 매년 바뀌어요. 표준이 바뀔 때마다 교육도 새로 하고 안내문도 붙이죠. 그런데 포장재가 복잡한 건 예전이나 지금이나 똑같아요." 실제로 '포장재 단일화 가이드라인'은 권고 수준에 그치는 경우가 많다.

정책이 바뀔 때마다 지자체는 새로운 사업을 준비한다. '분리배출함 색상 통일', '플라스틱 수거일 변경', '포장재 분리배출 전용 수거함' 설치 같은 시범 사업이 곳곳에서 진행된다. 언론은 '혁신적 시범 사업', '지자체 최초', '전국 확대 검토' 같은 헤드라인을 쏟아낸다. 하지만 실제로 다수의 아파트 단지와 상가, 골목 분리수거장은 10년 전과 크게 다르지 않다. 색깔만 바뀐 플라스틱 통, 캠페인 포스터, 분리수거함을 덮은 안내문만이 정책 변화의 흔적을 남긴다.

정부는 계획 수립, 교육 강화, 선별장 자동화, 포장재 단일화 같은 대책을 매년 반복해서 발표한다. '자원 순환 기본 계획'에는 '포장재 경량화 확대', '생산자 책임 강화' 같은 목표가 실제 과제로 담겨 있다. 하지만 계획이 곧 실행으로 이어지지는 않는다. 현장에서는 예산과 인력, 시설 노후화, 민간 위탁 구조 등의 제약이 크다. 결국 계획은 풍부하지만, 실행으로 이어지지 않는 한계는 여전하다.

2018년 수도권 폐비닐 수거 중단 사태는 이런 정책-현장 괴리의 단면을 보여준다. 당시 수도권 아파트 단지 곳곳에서 주민들이 열심히 분리배출한 폐비닐이 며칠째 수거되지 않고 쌓였다. 뉴스에선 '재활용 시장 가격 폭락', '선별장 포화', '지자체와 업체의 갈등' 등을 주요 원인으로 다뤘다. 하지만 자세히 살펴보면, 복잡한 포장재와 일관성 없는 정책, 실행 없는 계획이 문제의 근본이었다.

지자체는 수거업체와 계약조건을 바꾸지 못했고, 민간 업체는

"재활용 품질이 낮아 팔리지 않는다"라며 수거를 거부했다. 정부는 뒤늦게 지원 대책을 내놓았지만, 현장의 혼란은 쉽게 해소되지 않았다. 결국, 정부가 대규모 예산을 투입해 사태를 수습했다. 현장에 쌓인 폐비닐은 대량 소각과 매립으로 이어졌다. 수거 중단 사태 이후 정부와 지자체는 재활용품 분리배출 기준을 다시 강화하겠다고 발표했다.

하지만 포장재 설계와 시장 구조, 수거·선별 체계의 근본적인 변화는 쉽게 이뤄지지 않았다. 게다가 지자체마다 예산 사정이 달라 '선별장 현대화', '포장재 단일화 전용 라인 구축' 같은 실질적 투자 사업이 계속 미뤄지는 문제도 숙제로 남아 있다.

분리배출 시범단지 조성 등 '포장재 단일화' 성공 사례도 있긴 하다. 몇몇 대형 마트에서는 일부 상품의 포장재를 완전 단일재질로 바꾸거나 라벨을 점착식이 아닌 분리식으로 전환했다. 하지만 이는 전국 전체 물량 중 아주 일부에 불과하다. 소비자들이 자주 찾는 즉석밥 용기, 배달 음식 포장, 편의점 도시락 등은 여전히 복합재질 구조다.

2장 법과 제도, 왜 현실을 못 따라갈까?

국회에서는 '계획은 많지만, 현장의 변화는 없다', '정책의 실효성을 다시 점검해야 한다'라는 지적을 여러 번 제기했다. 언론 보도 역시 '지침만 있고 실질적인 개선은 미흡하다', '정책이 선언에 그치고 있다'라고 정책을 꼬집었다. 이렇게 계획과 현장의 괴리가 해마다 반복된다. 정책 보고서와 지자체 실적 보고에는 '개선', '확대', '향상'이 넘쳐난다. 하지만 정작 분리배출의 끝에서 재활용되는 자원의 양은 크게 늘지 않았다.

기업은 "우리는 규정을 지켰다"라고 말한다. 하지만 제품의 디자인, 광고, 마케팅을 우선하다 보면 여전히 다양한 색상, 다층 구조, 금속 코팅, 분리가 어려운 라벨이 제품에 쓰인다. 포장재 제조업체 관계자는 "경쟁 제품보다 눈에 띄게 만들려면 다양한 재질과 점착 방식 사용이 불가피하다"라고 말한다. 업체는 단일 재질로 모든 제품을 만들 수 없다는 것이다. 이처럼 실질적으로 현장에 적용되지 않는 가이드라인만 반복해서 나온다.

소비자는 분리배출을 열심히 하지만, 정책의 변화가 현장에서 체감되지 않는다. 기업과 현장, 지자체와 행정, 모두가 자기 구역만 챙기고 진짜 변화를 만드는 힘은 흩어져 있다. "지침이 바뀌는 건 금방 알 수 있어요. 그런데 실제로 포장재가 단일재질로 바뀌는 건 거의 못 봤어요." 언론 인터뷰에서 분리수거 업체 직원의 말이다. 실천과 계획의 간극, 정책과 현장의 거리, 기업과 정부의 역할 분리, 그 모든 틈 사이에서 변화는 멈춰 있다.

이제 진짜 변화를 위해 무엇이 필요할까? 계획만 세우는 것이 아니라 실제로 현장이 바뀌도록 정책의 설계와 실행, 소비자와 기업, 행정과 현장이 함께 바뀌어야 하지 않을까?

> 새로운 계획을 계속 세우지만, 현장은 그대로다.
> 변화는 실행에서 멀어졌다.

착한 소비의 환상, 바뀌지 않는 현실

'착한 소비'라는 단어는 어느새 생활 속에 뿌리 깊게 자리 잡았다. 착한 소비란, 소비자가 제품을 고를 때 가격이나 품질뿐 아니라 윤리적 가치와 사회적 책임까지 함께 고려하는 것을 말한다. 많은 소비자는 '친환경' 제품을 고르는 것을 착한 소비의 대표적 실천으로 인식한다.

이에 따라 마트와 온라인 쇼핑몰은 물론, 생활 곳곳에서 초록색 '친환경' 마크가 눈길을 끈다. 생수, 세제, 화장지, 간식, 아기용품, 식품 포장지, 가전제품부터 건축자재, 심지어 시멘트까지 친환경 마크를 흔히 볼 수 있다. 학교 안내문, 관리실 공지, 사무실

복도 포스터까지 '친환경'이라는 단어와 마크는 생활 구석구석을 채운다.

 소비자는 제품을 고를 때마다 그 초록 마크를 확인하며, '착한 소비자'라는 자기 확신과 안심을 얻는다. 이런 습관은 언제부터인가 사회적 상식이 되었고, 착한 소비의 기준으로 굳어졌다. 언론에서도 "친환경 인증 제품의 판매가 늘었다", "기업의 ESG 경영이 강화됐다"라는 보도를 앞다투어 내놓으며, 친환경이라는 말에 신뢰를 더해준다.

 한국환경산업기술원 조사에 따르면, 소비자가 친환경 인증 제품을 선택하는 가장 큰 이유는 '나와 가족의 건강과 안전'이었다. 응답자 대부분이 이런 이유를 1~3순위로 선택했다. 환경보호를 위해서라는 응답도 적지 않았지만, 실제로는 일상과 가족의 안전을 더 중시하는 모습이 두드러졌다. 이번 조사를 통해 친환경 인증이 단순히 '환경에 좋은 제품'을 보장한다는 차원을 넘어, 생활 속 안전까지 보장해 준다는 믿음이 시민들의 인식 속에 자리 잡았음을 확인할 수 있다.

[그림] 친환경 인증 제품 구매 이유 [출처: 한국환경산업기술원]

환경표지 인증 제도는 환경기술 및 환경산업 지원법 제17조에 의거하여 환경성과 품질, 성능 등이 높은 제품에 환경마크를 표시함으로써 소비자에게 친환경 상품을 소개하고 기업이 친환경 제품을 자발적으로 개발, 생산하도록 유도하는 인증 제도이다. 우리나라는 1992년에 이 제도를 도입했고, 시대의 흐름에 따라 변해 왔다. 도입 당시에는 '더 맑게 더 푸르게'라는 문구와, 산과 새 그림이 들어간 형태였다. 2004년에는 곡선과 잎이 어우러진 파란색 원 모양으로 바뀌었으며, 2017년부터는 단순한 초록색 원에 큼지막하게 '친환경'이라는 글자가 적힌 형태를 사용하고 있다. 디자인은 점점 간결해졌고, 메시지는 더 명확해졌다.

[그림] 환경부 환경표지 인증(친환경 인증) 로고 변화

하지만 현실은 그리 단순하지 않다. 환경부의 환경표지 인증은 식품에 붙는 '친환경 농산물 인증'과는 전혀 다르다. 공식 인증과 실제 기준 사이의 간극, 원재료와 완제품의 수입 제도, 홍보 구호와 실질적 효과의 틈이 곳곳에 존재한다. 게다가 환경표지 인증의 역사는 30년이 넘었지만, 인증 기준은 거의 바뀌지 않았다.

환경부 '환경표지 인증' 지침을 보면, 기준 항목은 '자원 순환성', '에너지 절약', '오염 물질 감축', '유해 물질 저감'의 크게 네 가지로 구성되어 있다. 언뜻 보건 재사용과 순환에 중점을 둔 것처럼 보이지만, 실제 심사에서 '재사용'은 필수가 아닌 선택 요소로 취급된다. 인증 심사 과정에서 핵심은 오염 물질과 폐기물 배출 감량, 또는 대체재 활용 실적 등 계량적 항목에 집중되어 있다. 심지어 인체 유해 물질 저감도 '필수'가 아니며, 다시 쓰임과 재사용 구조의 설계 자체는 인증 가이드라인의 핵심이 아니다.

〈표〉 환경부 환경표지 인증의 인증 사유

인증 사유 범주	세부 분류
자원 순환성 향상	자원 절약, 물 절약, 재활용성 향상, 유효자원 재활용 등
에너지 절약	에너지 절약, 재생에너지 사용 등
지구환경 오염 감소	온실가스 배출 감소, 오존층 파괴 물질 배출 감소 등
지역환경 오염 감소	대기 오염 물질 배출 감소, 수계 오염 물질 배출 감소, 토양 오염 물질 배출 감소, 폐기물 발생 감소, 생분해가 잘 됨 등
유해 물질 감소	유해 물질 사용 감소, 인체 유해 물질 노출 감소 등
생활환경 오염 감소	실내 공기 오염 물질 배출 감소, 빛 공해 감소 등
소음·진동 감소	저소음, 진동 감소

실제로 인증 취득이 상대적으로 쉽다는 비판이 계속해서 제기되고 있다. 예를 들어, 생분해성 플라스틱이나 친환경 소재 포장재에 부여된 각종 인증의 기준을 살펴보면, 실제 조건은 꽤 느슨한 경우가 많다. 산업용 퇴비화 시설에서만 분해가 가능한 제품, 특정한 온도와 습도, 미생물이 갖춰진 환경에서만 분해되는 구조, 국내에는 거의 없는 설비를 전제로 한 인증 등이 확대되고 있다.

이러한 구조적 허점이 가장 극적으로 드러난 사례가 시멘트 제품의 친환경 인증 논란이다. 최근에는 폐플라스틱이나 각종 쓰레기를 태워 만든 시멘트 제품이 친환경 인증을 받는 사례도 있었다. 2020~2022년, 환경표지 인증을 신청한 시멘트 제품 17건 중 16건이 인증을 통과했다. 시멘트 제조 공정에서 폐기물을 연료로 사용하는 과정 자체가 '에너지 회수 재활용'으로 인정되며, 친환경 인증까지 부여된 것이다. 특히 폐플라스틱을 시멘트 공장 소성로에서 태워 에너지를 얻는 방식이 '재활용' 실적으로 인정받으면서, 친환경 인증도 무난히 획득할 수 있게 된 상황이었다.

시멘트 산업은 오랫동안 대량의 폐기물을 처리하는 통로로 활용됐다. 그러나 유해 물질 배출 논란이 끊이지 않았다. 폐기물을 연료로 사용해 만들어진 시멘트에서 1급 발암물질인 6가 크롬이 유럽 기준치의 4~5배 넘게 검출된 사실이 국정감사에서 드러났다.

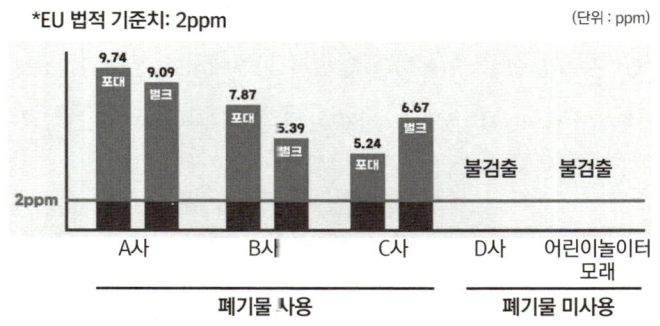

[그림] 시멘트 6가 크롬 분석 결과

2장 법과 제도, 왜 현실을 못 따라갈까?

국회 환경노동위원회 역시 '그린워싱(Greenwashing, 위장환경주의)'의 대표적 사례로 이 문제를 지적했다. 그리고 그동안 '친환경' 마크가 붙었던 시멘트 제품은 2023년 말 환경표지 인증 대상에서 공식적으로 제외됐다. 앞으로 '친환경 인증' 시멘트는 시장에서 보기 힘들어질 것이라는 언론 보도가 이어졌다. 마침내 이 제도는 사회적 논란 후에 뒤늦게 바뀌었다.

시멘트 인증 논란은 친환경이라는 말과 마크가 언제든 제도에 따라 바뀌거나 취소될 수 있음을 보여주기도 한다. 오랫동안 신뢰의 근거로 여겨졌던 마크가 한 번의 기준 변경, 정책 개정으로 무너질 수 있다는 사실과 신뢰의 상징이던 마크가 한순간에 '오해의 상징'으로 바뀌는 과정이 여실히 드러났다.

시멘트 제품의 친환경 인증 제외 사례처럼, 이러한 제도적 허점은 식품, 화장품, 생활용품 등 전반에서 드러난다. 대표적으로 고춧가루와 다진 양념(다데기) 사례가 있다. 고춧가루는 수입할 때 식품 안전·위생 기준에 따라 농약·색소 등 잔류 물질 여부를 엄격히 검사받아야 하지만, 다진 양념은 '가공품'으로 분류돼 수입 절차와 검사가 상대적으로 완화된 기준을 적용받는다. 소비자는 표시된 원산지와 성분만 보고 착한 소비를 실천한다고 믿지만, 원료와 완제품이 서로 다른 기준 속에서 원칙 없이 유통되는 사례다. 제도 설계와 실제 효과 사이의 간극이 시장 전반에 이러한 제도적 허점을 반복해서 드러내고 있다.

 플라스틱 플레이크 수입과 친환경 의류 시장 사례에서도 이 구조의 모순이 확인된다. 국내에서는 사용한 페트병 등 폐플라스틱을 '폐기물'로 분류해 수입을 금지하지만, 이 플라스틱을 잘게 분쇄하고 세척한 플레이크 형태의 재생 원료는 제품으로 인정되어 해외에서 대량으로 수입된다. 그래서 국내 친환경 패션업계나 섬유업계는 원료 수급을 위해 해외에 많이 의존한다. 소비자는 '친환경 옷을 입는다'라는 만족감을 느끼지만, 실제로 국내에서 배출된 플라스틱이 의류로 다시 태어나는 비율은 매우 낮다. 이러한 문제는 정책과 생활 감각이 제도의 차이와 글로벌 시장의 흐름에 따라 어긋난 사례로도 볼 수 있다.

 이 구조의 또 다른 모순은 '친환경 의류 소비'에서 더 극명히 나타난다. 플레이크나 재생 원료로 만든 친환경 의류가 인기를 끌면서, 멀쩡한 옷을 버리고 새 친환경 옷을 사는 소비자가 늘었다. 패

션 브랜드는 '친환경'을 내세워 신상품 구매를 유도하지만, 실제로는 입을 수 있는 기존 의류가 대량으로 폐기되고, 또다시 재생 원료 수입에 의존하는 실태가 반복된다.

표면적으로는 폐기물을 줄이고 에너지를 얻는다는 점이 강조되지만, 실제로는 온실가스와 대기오염 논란, 그리고 물질 순환이 끊기는 문제가 여전히 남아 있다. 소비자는 인증 마크만 보고 착한 소비를 실천했다고 안심하지만, 그 이면에서는 환경 부담이 계속 쌓이고 있는 셈이다. 결국 인증 기준의 한계가 소비자의 노력을 제약하며, 실천의 효과를 약화한다.

분리배출과 올바른 재활용 실천이 이어져도, 인증 기준이 '순환'을 보장하지 않는 한 구조는 달라지지 않는다. 시멘트 공장에서 플라스틱을 태워 만든 시멘트가 친환경 인증을 받고, 오히려 시장에서 더 높은 가격과 신뢰를 얻는 역설이 여전히 나타난다. 소비자는 초록 마크를 보고 기꺼이 더 많은 비용을 내며 '착한 소비'를 했다고 믿지만, 그 실천이 다시 쓰임의 구조로 이어지지 않는 현실은 변함이 없다.

초록 마크는 생활 속 결심의 상징이 되었지만, 그것이 실제로 세상을 바꾸고 있는지는 의문이다. 안내문과 광고, 교육 자료는 비슷한 표현으로 소비자에게 안심을 권유하지만, 이는 진짜 변화를 반영하기보다는 익숙함에 더한 반사적 반응일 때가 많다. 이제는 초록 마크 하나에 신뢰를 걸기보다, 그 신뢰의 근거를 다시 묻는 시선이 필요하다.

소비자들은 착한 소비의 의미와 제도적 신뢰를 다시 묻고 있다. 초록 마크 하나에 걸었던 믿음이 진짜 순환의 길을 여는 열쇠인지, 아니면 익숙함이 주는 초시일 뿐인지, 이제 그 질문에 답을 내놓아야 한다.

> 착한 소비라는 말로 안심하고 선택했지만, 그 실천을 순환으로 이어지게 하는 구조는 부실하다.

2장 법과 제도, 왜 현실을 못 따라갈까?

친환경 인증과
자율 협약

친환경 인증이 실질적 순환을 담보하지 못하는 동안, 또 다른 정책 도구로 '자율 협약'이 등장했다. 환경 정책에서의 '자율 협약'이란 환경부와 주류업계를 포함한 대형 유통·제조기업들이 모여 포장재 감량, 재사용 확대, 순환경제 정착을 선언하는 것을 말한다.

이제는 '자율 협약', '자발적 협약'이라는 말을 언론에서도 자주 볼 수 있다. 협약식 사진과 함께 "재사용 병을 늘리겠다", "포장재를 줄이겠다"라는 선언이 이어지면 소비자 역시 변화가 시작되리라고 기대한다. 하지만, 이런 선언이 실질적인 순환 구조로 이어지고 있는지 살펴보면, 현실은 그렇지 않다. 오히려 더 복잡해지기만 했음을 알 수 있다.

 맥주병, 소주병 등 주류 용기의 '이형병' 감소 협의는 자율 협약 문제의 대표적인 사례이다. 환경부와 주류회사들은 2009년 표준 소주병 공동 사용에 관한 자율 협약을 맺었다. 공식 협약문에는 '병 디자인의 표준화', '이형병 최소화', '공동 회수 시스템' 등이 담겼다. 그러나 2020년 이후 이형병이 다시 시장에 늘어나기 시작했다. 주요 업체들이 소비 트렌드를 따라가면서, 로고 각인, 컬러 변형 등으로 디자인한 서로 다른 형태의 병을 경쟁적으로 내놓았다. 그 결과 브랜드별, 제품별로 규격이 다른 병이 늘어나며, 자율 협약으로 체결된 합의는 무너지고 말았다.

 이형병의 증가는 회수·재사용 체계를 직접적으로 무너뜨렸다. 표준 병 시스템에서는 소비자가 빈 병을 반환하면 그 병은 곧바로 세척·재충전되어 다시 유통될 수 있었다. 하지만 각기 다른 디자인과 규격의 이형병은 자동 분류·세척 설비에서 탈락하고, 때로는 일반폐기물로 분류돼 소각이나 파쇄 처리되는 경우가 많다.

2장 법과 제도, 왜 현실을 못 따라갈까?

업계는 시장의 요구에 따라 '디자인 혁신'과 '프리미엄 전략'을 내세울 수밖에 없다. 하지만 생산자의 이러한 선택으로, 실제 순환 체계는 훼손되는 결과에 다다르게 된다. 결국, 이러한 혼란의 피해는 소비자가 떠안게 된다.

이런 자율 협약의 한계는 현장의 회수율 변화에서도 여실히 드러난다. 환경부는 해마다 '주류병 회수율 개선'을 정책 목표로 내세우지만, 실제로는 표준 병 대신 이형병이 늘어나면서 회수와 재사용의 효과가 제대로 나타나지 않는다. 자율 협약은 선언적으로 반복되고 있지만, 현장에서는 오히려 혼란과 한계가 더 깊어지고 있다. 기업의 약속과 정책의 선언, 그리고 실질적 순환 구조 사이의 괴리는 여전히 좁혀지지 않고 있다. 소비자가 빈 병을 돌려주고 보증금을 돌려받는 구조는 유지되지만, 이형병이 쌓이면서 실제로 다시 쓰이는 병은 줄고 재사용 시스템 자체가 흔들린다.

더 근본적인 문제는, 자율 협약이라는 정책 도구가 구조적 변화를 만들어 내지 못한다는 점이다. 협약은 '실천'을 선언하지만, 기업과 시장이 다시 쓰임이 어려운 설계를 바꿀 의무는 없다. 오히려 디자인, 마케팅, 제품 차별화 등 기업의 이해관계가 앞서며, 구조적 전환은 미뤄진다. 이런 흐름은 플라스틱 포장재, 화장품 용기, 음료수 페트병 등 다른 제품군으로도 확장된다. 매년 새로운 디자인과 새로운 기능이 추가된 복합재질 포장이 쏟아지고, 실질적 표준화와 순환 구조의 변화는 멈춘다.

소비자는 '실천'을 계속 요구받는다. 매일 빈 병을 돌려주고, 라벨을 떼고, 세척하는 일상을 반복한다. 하지만 구조가 따라오지 않으니, 피로감만 쌓인다. 언론도 '재사용 캠페인'을 홍보하며 실천을 강조하지만, 그 이면에 존재하는 표준화 실패와 구조적 혼란이 모두를 무의미한 구호로 만든다. 자율 협약과 캠페인은 현실에서 반복적으로 무력화되고, 현장은 그 부작용을 고스란히 떠안는다. 실천의 끝에서 구조가 막히니, 아무리 반복해도 순환은 완성되지 않는다. 친환경 인증과 자율 협약, 캠페인과 실천이 쌓여도, 그 모든 노력은 결국 제자리걸음이 되고 만다.

"실천만으로 구조가 바뀌지 않는다면, 우리는 무엇을 바꿔야 하는가?"

2장 법과 제도, 왜 현실을 못 따라갈까?

실질적 순환이 시작되려면, 인증의 기준, 정책의 설계, 시장의 구조까지 모두 '다시 쓰이게 만드는 구조'로 바뀌어야 한다.

> 끊임없이 실천했지만, 구조는 달라지지 않았다.
> 구조가 바뀌어야만 비로소 자원 순환을 이룰 수 있다.

생분해 인증의 모순:
부실한 기준과 구조

편의점에서 간단히 음료와 샌드위치를 샀다. "봉투에 담아주세요"라고 무심코 말했다. 그런데 계산해 준 직원이 건넨 봉투는 조금 달랐다. 봉투 표면 도서리에 초록색 마크가 찍혀 있고, 굵고 진하게 '생분해성 인증'이라는 글씨가 적혀 있다. '이제 환경을 생각하는 시대구나'라는 생각이 스쳤다. 이런 봉투를 쓰는 것만으로도 왠지 죄책감이 조금은 덜어진다. 집으로 돌아오는 길, 조금은 '착한 소비'를 했다는 안도감이 따라왔다. 추가로 100원을 내야했지만, 착한 소비가 주는 안도감은 그 이상의 가치가 있다.

언론과 정부, 환경 캠페인은 생분해성 봉투를 친환경의 상징처럼 내세운다. '플라스틱 사용을 줄이며, 오염을 줄인다'라는 메시지와 함께 환경표지 인증, 친환경 인증 마크, EN13432·ASTM D6400 같은 국제 기준 통과 문구로 소비자의 신뢰를 자극한다.

[그림] '친환경 봉투'라 불리는 생분해 인증 봉투

분리배출 교육을 받는 아이들은 생분해 봉투는 자연에서 썩는다고 배운다. 그리고 부모 세대는 기존 비닐봉지보다 환경에 좋다는 말에 별다른 의심 없이 이 봉투를 사용한다. 언론에서는 '생분해 봉투, 플라스틱 쓰레기 대체에 기여'라는 긍정적 메시지를 반복해서 노출한다. 정부도 정책 보고서에 '생분해 인증 제품 확대', '플라스틱 감축', '친환경 전환 성과' 같은 지표를 반복해 등

장시키며 정책 성과를 과시한다. 기업은 '친환경 신제품'이라는 것을 내세워 홍보하고, 소비자는 안심한다. 기업은 인증 마크로 이미지를 쌓고, 환경부는 이러한 통계 수치를 성과로 내세우며 목표를 달성했다고 한다.

하지만 현실은 다르다. 전문가들은 생분해 봉투가 실제로 분해되는 경우는 극히 드물다고 한다. 환경운동단체는 생분해 인증이 소비자의 안심만 키우는 착시 효과를 준다고 비판한다. 실제로 생분해 봉투는 다른 플라스틱, 비닐, 기타 쓰레기와 뒤섞여 수거되는 경우가 많다. 게다가 선별 과정에서 봉투 표면의 '생분해' 표시가 별도로 인식되지는 않는다. 현장의 선별장 관리자들은 기계가 인식하지 못하는 재질의 봉투는 결국 혼합 폐기물로 분류돼 소각될 수밖에 없다고 지적한다.

생분해 봉투가 제대로 선별되었다고 해도 처리 문제가 남는다. 이른바 '생분해'가 실제로 이루어지려면 섭씨 60도 이상의 온도, 높은 습도, 특수 미생물이 갖춰진 산업용 퇴비화 시설이 필요하다.

2024년 기준 국내에서 산업용 퇴비화가 가능한 공공시설은 전국에 단 두 곳뿐이며, 수도권에도 생분해성 봉투를 별도로 수거해 퇴비화할 시스템은 없다. 생분해 제품을 따로 처리할 수 있는 전용 시설이나 수거 체계가 필요하다는 지적이 계속 제기되고 있다.

생분해 인증 처리 건수는 3,000건이 넘지만, 실제로 분해가 가능한 인프라는 전국적으로 손에 꼽을 정도인 것이다. 하지만 예산과 부지 부족, 처리량과 기술 검증 한계 등 여러 현실적 이유로 이런 시스템이 실제로 구축되기는 쉽지 않다. 현재로서는 '생분해'라는 이름만 남고, 실제 분리·처리의 흐름은 비어 있는 셈이다.

이런 흐름은 어떻게 만들어졌을까? 생분해 인증은 원래 산업용 퇴비화 시설이 보편화된 유럽에서 엄격한 기준 아래 시작됐다. EN13432 등 유럽 기준은 90% 이상의 유기물이 180일 이내에 완전히 분해될 것을 요구한다. 하지만 그 전제는 분해 가능한 시설과 수거 시스템이 현장에 갖춰졌을 때만 의미가 있다. 한국은 이런 시스템 없이 기준과 인증만 빠르게 도입했다. 환경부와 인증기관은 국제 규격을 통과한 제품에 '친환경' 인증을 붙여줬고, 소비자에게 '분해'된다는 인상을 심어줬다. 하지만 생분해 봉투는 대부분 다른 플라스틱과 함께 섞여 일반 소각 또는 매립으로 향하거나, 아무도 모르는 곳로로 사라진다.

이쯤 되면, 생분해 인증은 환경 부담을 덜어주기는커녕 '착한 소비'라는 착각만 남긴다고 할 수 있다. 그러나 정작 현장에서는 이 봉투가 어떻게 처리되는지 끝까지 확인하지 않는다. 인증 마크만 남고, 실제 변화는 없다. 그 수치 뒤에 숨은 현장의 혼란과 소비자의 좌절은 늘 외면받는다.

이러한 현실을 알고도, 가끔은 '생분해된다고 하니까 그냥 아무 데나 버려도 되겠지'라는 편안함에 기대고 싶기도 하다. 그렇게 우리는 실천이라는 착한 마음과 구조적 한계라는 척박한 현실 사이에서 늘 머뭇거린다.

이제 이 흐름을 바꾸려면 무엇부터 해야 할까? 정책의 문구보다 현장의 길을 다시 잇는 구조 설계가 먼저 필요하지 않을까?

2장 법과 제도, 왜 현실을 못 따라갈까?

생분해된다고 해서 분리배출을 했다.

하지만 부실한 구조에 흐름이 막혔다.

인증과 실적이 남긴
빈자리

최근 몇 년간 생분해성 봉투, 친환경 인증 포장재, 재생 플라스틱 제품 등 수많은 환경친호(화)적인 신제품이 출시되었다. 기업들은 "인증 기준에 맞췄으니, 책임을 다했다"라고 말한다. 포장재의 경량화, 친환경 인증, EPR을 통한 분담금 납부는 기업이 정책적 책임을 다한 것으로 간주하게 만든다.

언론과 정부 자료는 '환경에 이로운 변화', '재활용률 90% 시대'를 내세운다. 정부는 친환경 인증 제품 확대를 성과로 삼는다. 환경부와 지자체 자료를 보면 재활용 인증 제품 확대, 플라스틱 사용 감축, 정책 성과 달성률 같은 지표가 매년 강조된다. 재활용률, 인증 수, 실천율 같은 수치가 정책 보고서의 가장 앞자리를 차지한다. 정책적으로 '재활용 우수' 인증이나 '친환경 인증'을 확대하는 것은 수치로 그 성과를 보이기 좋은 방법이다. 하지만 인증이 실제 현장에서 얼마나 의미가 있는지, 소비자의 분리수거와 포장재의 실제 흐름이 얼마나 연결되고 있는지는 자세히 다뤄지지 않는다.

한국의 환경표지 인증은 여전히 '감축'과 '에너지 절약'에 머무르고 있다. 하지만 EU와 일부 선진국들은 '순환성 평가'를 인증 기준에 포함시키고, 실제로 다시 쓰임이 가능한 구조가 아니면 인증해 주지 않는 방향으로 정책을 전환하고 있다.

EU는 친환경 인증을 단순한 성능 평가로만 보지 않고, 실제 물질 순환에 효과가 있는지 엄격하게 점검하고 있다. 복합재질 제품이나 소각·연료화가 포함된 인증 체계에는 점차 엄격한 제한을 두고, 생산자에게 분리배출과 품질 중심의 책임을 더 많이 묻고 있다. 일본은 포장재의 단일재질 전환과 '실적'보다 '품질' 중심으로 정책 방향을 옮기는 사회적 합의를 점차 확대하고 있다. 생산자, 유통업체, 소비자, 정부, 지방자치단체 등 이해관계자가 함께 참여하는 공식 논의 구조가 포장재 기준과 정책을 바꿔나가는 실험을 반복 중이다.

 정책학에서는 이런 인증·실적 중심 정책이 반복되는 현상을 '수단과 목표의 전도', '실적 지상주의', '책임의 단절'로 진단한다. 수치와 인증이 정책 성공의 증거처럼 기능하지만, 현장에서 실제로 폐기물이 다시 쓰이는 흐름이나 품질 개선, 감량 효과 등 진짜 목표는 종종 뒤로 밀린다. 정책 집행 과정에서 각 주체의 역할이 분리되고, 실적 평가 체계가 정책의 흐름을 좌우하게 되면, 기업과 정부, 시장 모두가 인증 기준만 맞추면 된다는 식으로 대응하게 된다. 이때 실질적 변화는 사라지고, 수치 달성만을 위한 설계가 굳어지기 쉽다. 규제정책의 패러다임이 실적과 숫자, 인증제에 갇혀 있을 때, 사회 전체의 신뢰와 정책의 효과는 오히려 약해질 수밖에 없다.

 한국도 이제 포장재의 단일재질 의무화, 품질 기준 강화, 공공적 정보공개와 감시 시스템 구축 등 구체적 정책 변화가 논의의 중심이 되어야 한다. '인증'과 '실적' 중심에서 벗어나 포장재 품질, 실제 순환의 흐름, 정책의 연결, 그리고 사회적 합의로 기준을 전환해야 할 때다.

> 인증과 실적은 쌓였다.
> 그러나 순환의 빈자리는 더욱더 커졌다.
> 진짜 변화는 구조와 정책 변화에서 시작된다.

사회적 합의와 구조적 전환: 함께 만드는 순환경제의 조건

한국의 자원 순환 정책은 오랜 시간 각자의 역할을 분리하여 흘러왔다. 정책은 방향과 목표를 제시하고, 행정은 실적을 관리하며, 기업은 시장 논리에 따라 움직인다. 시민은 생활 속에서 분리배출과 착한 소비를 실천하지만, 각 주체가 한자리에서 만나는 구조는 좀처럼 마련되지 않았다. 신뢰와 실효성, 시장의 책임과 생활의 체감이 분리된 채, 제도는 구호에 머물렀다.

유럽 여러 나라는 제도 설계 단계에서부터 정부, 기업, 시민사회, 전문가, 현장 실무자까지 모두 참여하는 공식적인 논의 구조를 갖췄다. 예를 들어, 독일은 '자원 순환위원회'를 통해 정책의 설계부터 평가, 시행까지 정부, 업계, 환경단체, 학계가 한자리에 모여 모든 과정을 직접 논의한다. 프랑스 역시 '순환경제위원회'를 통해 실적과 데이터를 시민, 언론과 실시간으로 공유하고, 정책 갈등이 생기면 정부와 업계, 지역사회가 공식 토론을 거친다. EU에서는 '순환경제 행동계획'을 중심으로 각국의 성과와 문제를 비교·평가하며, 모든 제도 변화가 공개적으로 논의된다.

이런 공식 논의 구조는 정책 설계와 집행, 평가와 감시, 갈등 조정까지 한자리에서 이뤄지는 방식이다. 각자의 경험과 데이터를 공유하고 가능성과 한계를 논의하며, 실패와 대안을 함께 찾는다. 정책의 신뢰와 사회적 합의, 시장의 책임과 시민의 체감이 하나가 되어 흘러간다.

지금까지 한국의 현실은 이와 달랐다. 정책 설계와 실행, 평가와 감시가 분리돼 있었다. 정부가 정책을 만들면 기업과 시장은 실적에만 집중하고, 시민사회와 현장 실무자의 목소리는 설계 과정에서 소외되는 일이 잦았다. 각자의 실천과 정책의 설계, 시장의 논리와 감시가 따로 흐르다 보니, 신뢰와 책임의 구조가 취약했다. 결국 정책의 실효성도 보장할 수 없었다.

최근에는 이런 구조적 한계를 극복하려는 움직임이 있다. 예를 들어, 환경부가 운영하는 화학물질안전정책포럼에서는 정부, 기업, 시민단체, 전문가가 함께 모여 정책 설계와 평가, 감시를 동시에 논의한다. 제도 도입이나 현안 발생 시 실질적인 의견 수렴이 이뤄지고, 정책 설계와 현장 평가에도 반영된다.

2024년 제정된 '폐기물 시멘트 정보공개법' 역시, 국회가 중심이 되어 시민사회와 전문가, 지역사회 등 다양한 이해당사자의 의견을 공청회와 간담회, 현장 방문 등 여러 과정을 거쳐 수렴해 제정했다. 한 번의 논의로 끝나는 것이 아니라, 입법 논의와 사회적 갈등 조정이 반복된 끝에 제도 변화가 이루어진 사례였다. 법률 하나가 만들어지기까지 한 주체의 독주가 아니라, 사회 각계의 다양한 목소리와 현실적 타협이 바탕이 되었다.

그러나 이렇게 합의와 참여를 바탕으로 변화가 이루어진 예는 아직 많지 않다. 실제로 한국의 자원 순환 정책 전반에 이런 공식적인 논의 테이블, 지속적인 감시 구조가 체계적으로 확산해 있다고 말하기 어렵다. 실적 공개와 분산된 책임 연결, 정보의 투명한 공개, 정책 평가와 갈등 조정이 구조적으로 마련되어야만 신뢰와 실효성, 생활의 체감까지 이어진다. 각 주체가 분리돼 움직일 때, 정책 실패와 신뢰의 위기는 반복될 수밖에 없다.

실적과 데이터가 쌓여도, 정책 실패가 드러나도, 이를 공식적으로 공유하고 논의할 구조가 부족하면 시민과 행정, 기업과 시장, 생활과 정책이 따로따로 흘러간다. 그렇게 되면, 순환경제의 완성은 끝내 이뤄지기 어렵다.

진짜 변화는 각 주체가 한자리에 모여 평가와 감시, 정책 설계에 실질적으로 참여하는 데서 시작된다. 분리배출을 실천하는 시민, 정책을 설계하는 정부, 시장과 기업, 언론, 시민사회, 지역 공동체 모두가 하나의 구조 안에서 평가와 감시, 정책 설계에 참여해야 한다. 한 구조 안에서 경험과 데이터를 공유하고, 성과와 한계를 함께 점검할 때 비로소 진짜 변화가 시작된다. 이런 구조가 있어야만 정책의 실효성과 사회적 신뢰, 시장의 책임, 생활의 체감이 하나의 흐름을 이룰 수 있다.

앞으로의 자원 순환 정책 변화는 단순한 제도 개혁이나 기술 발전만으로 완성되지 않는다. 각 주체가 정책 설계, 집행, 감시,

평가의 전 과정에 걸쳐 함께 참여해야만 진짜 신뢰와 구조적 전환이 이뤄진다. 이 참여가 형식적인 절차에 그치지 않고, 문제 제기부터 대안 마련, 실행 점검까지 이어질 때 그 변화는 지속된다.

> 함께 논의하지 않는 순환은,
> 신뢰와 변화를 만들지 못한다.

기준을 다시 묻는 사회, 새로운 합의를 위하여

재활용 정책과 기준에 대한 문제 제기는 이제 단순한 지적을 넘어 사회 전반적인 논의로 확산하고 있다. 반복해서 드러나는 현실과 이상 간의 괴리는 "기준이 제대로 설계되어 실행되고 있는가?"라는 근본적인 질문으로 이어진다. 더 이상 법령이나 지침을 단순히 바꾸는 데 그치지 않고, 누가, 어떻게, 어떤 과정을 거쳐 만들어지는지 투명하게 점검하고 기준 자체를 개편해야 한다는 공감대가 확산하고 있다.

기준 재설계란 단순한 기술적 또는 행정적 변화를 의미하는 게 아니다. 정보공개, 품질 검증, 책임 분산과 연계, 그리고 무엇보다 이해관계자 간 신뢰 구축의 과정이다. 기준이 바뀌면 재활용의 시작부터 수거, 선별, 재생산까지 모든 흐름이 달라진다. 기업의 재질 선택과 제품 설계 방향이 바뀌고, 지방자치단체와 처리업체의 수거·선별 체계도 새롭게 조정된다. 소비자 교육과 안내도 자연스럽게 변화의 대상이 된다.

 기준 재설계는 시장 왜곡과 '그린워싱'을 막는 역할도 한다. 모호하거나 느슨한 기준은 '친환경'과 '재활용 우수'라는 이름만 붙인 가짜 친환경 제품을 양산한다. 이는 소비자 혼란과 불신을 초래하며, 정책 전반의 신뢰를 갉아먹는다. 엄격한 품질 기준과 책임 있는 제품 설계 유도가 반드시 뒤따라야 한다.

 이때 가장 중요한 원칙은 투명성, 참여, 그리고 무엇보다 현장에 뿌리내린 실행력이다. 규제는 기업과 시민 모두가 준수해야 할 의무지만, 충분한 지원과 실제 현장 상황을 반영한 실행력이 함께하지 않는다면 정책 효과는 제한될 수밖에 없다. 이 과정의 핵심 열쇠는 바로 '사회적 합의'이다. 사회적 합의는 현실적인 요구와 목소리를 정책에 반영하는 가장 효과적인 길이다.

재활용 정책과 기준은 하나의 주체가 독단적으로 정하기 어려운 복잡한 문제다. 생산자, 유통업체, 지방자치단체, 선별 및 재활용업체, 소비자, 시민단체, 학계, 행정기관 등 각기 다른 입장과 이해에 놓인 다수의 주체가 얽혀 있기 때문이다. 이러한 다양성을 포괄하고 모두가 참여할 수 있는 공식적인 논의 구조 없이는 현실을 반영한 실효성 있는 기준과 정책 마련이 불가능하다.

자원 순환 정책에서 다뤄야 할 과제들은 복잡하게 얽혀 있다. EPR 제도 개선, 포장재 단일화와 경량화, 재활용품 품질 향상, 정보공개 및 투명성 강화 등 다양한 현안이 산재해 있다. 사회적 합의는 다양한 이해관계자가 참여하고 협력하도록 하여, 이처럼 복잡한 과제를 실행 가능하고 현실에 맞게 조정하도록 하는 역할을 한다.

더욱이 오늘날처럼 기술과 시장 환경이 빠르게 변화하는 상황에서는 정책의 안정성과 지속 가능성을 확보하는 것이 매우 중요하다. 잦은 법령과 지침 변경은 현장 혼란과 비용 증가로 이어지기 쉽다. 따라서 충분한 검토와 조정을 거친 일관된 정책 운영이 필요하며, 이를 위해서도 사회적 합의와 협의체가 결정적인 역할을 할 것이다.

 사회적 합의는 정책 변동성을 줄여, 안정성을 높이는 기능을 한다. 공식 논의체를 통한 충분한 검토와 조정 과정은 안정적이고 일관된 기준과 정책 운용을 가능하게 한다.

 현대 정책학에서는 이러한 사회적 합의를 기반으로 하는 협력적 정책 모델, 즉 거버넌스(Governance) 기반 규제가 대안으로 강조된다. 정부만의 일방적인 명령에서 벗어나 시장, 시민사회, 기업 등 다양한 주체가 참여하고 협력하는 방식이다. 거버넌스 기반 규제는 복잡한 자원 순환 문제에서 나타나는 다양한 이해관계와 이견을 조율하고, 정책 실행의 현실성과 지속 가능성을 높이는 데 필수적이다. 특히 다양한 주체들이 투명하게 소통하며 역할과 책임을 분명히 하는 구조를 형성하도록 한다.

 국제적으로도 사회적 거버넌스 모델은 순환경제 정책의 핵심 축으로 자리 잡고 있다. 영국의 환경단체 WRAP(Waste and Resources Action Programme)와 일본의 에코타운 프로젝트 등은 산업계, 지방정부, 시민사회가 함께 재활용 기준을 만들고 이를 실천하는 과정을 조율하는 성공 사례로 평가받는다. 이들은 복잡한 이해관계를 조정하며 정책 실행력을 높이는 데 사회적 합의가 얼마나 중요한지를 보여준다.

 또한, 급변하는 기술과 시장 환경에 유연하게 대응하는 적응적 규제 원칙도 함께 적용해야 한다. 단순히 정량적 실적에만 집중하는 전통적 정책과 달리, 현장과 시장 변화를 지속적으로 모니터링하고 필요한 조정을 해나가는 능동적 정책 집행이 요구된다. 이와 더불어, 정책 네트워크 안에서 참여자들이 서로 학습하고 협력하는 사회적 학습 과정 역시 필수적이다. 이는 정보 공유와 신뢰 구축을 통해 공동 문제 해결을 모색하는 것으로, 정책의 정당성과 수용성을 높인다.

 결국, 거버넌스 기반 협력적 규제, 적응적 정책 집행, 사회적 학습 네트워크의 구축은 자원 순환 정책의 새로운 패러다임을 열어가며, 기준과 정책이 단절되지 않고 현실에 깊이 뿌리내리도록 하는 열쇠다. 이러한 정책 전환만이, 수많은 이해관계가 얽힌 복잡한 문제를 해결하고 진짜 순환의 흐름을 만들어 낼 수 있다.

기준이 바뀌면 흐름이 바뀐다.
거버넌스와 적응적 규제가 진짜 변화를 만든다.

내가 분리한 쓰레기,
누가 끝까지 책임지나?

시장에 떠넘겨진 책임, 흐름 속에서 끊겨버린 연결

책임의 실종,
비용은 시민에게

 재활용품을 헹구고, 라벨을 떼고, 각각 따로 모으는 과정은 일상이 됐다. 이렇게 모은 분리수거물을 지자체 수거차가 실어 간다. 선별장에서 이것들을 분류하고, 재활용 공장으로 옮긴다. 이처럼 하루의 일과가 되어버린 분리수거에는 사실 제도적 약속이 숨어 있다. '생산자가 끝까지 책임진다'라는 원칙, 바로 EPR이다. 우리가 열심히 분리배출을 하면 포장재를 만든 기업이 비용과 책임을 진다는 사회적 약속이다. 이 합의가 실제로 어떻게 작동하는지, 그리고 그 책임의 무게가 실질적으로 누구에게 돌아가는지 깊이 생각해 본 적은 많지 않을 것이다.

EPR 제도의 취지는 분명하다. 제품과 포장재를 처음 만든 기업이 자원의 사용부터 폐기, 그리고 재활용에 이르기까지 전 과정에 걸쳐 책임을 지는 것이다. 이는 기업에서 재활용하기 쉬운 포장재를 개발하도록 유도하고, 폐기물 발생 자체를 줄이는 데 목표가 있다. 과거에는 재활용 책임이 주로 시민과 지자체에 있었다. 그러나 점점 늘어나는 포장재와 생활 쓰레기, 복잡해지는 제품 구조, 처리비용 증가 앞에서 기업이 사회적 비용을 나눠 부담해야 한다는 시대적 필요성이 커졌다.

'한국포장재재활용사업공제조합'과 '한국순환자원유통지원센터', 이 두 기관이 EPR 제도의 실무를 맡는다. 둘 다 폐기물관리법과 시행령에 따라 설립되었다. '생산자가 분담금을 내고 책임진다'라는 정책 기조에 따라, 포장재를 만드는 기업들로부터 매년 수천억 원에 달하는 분담금을 걷는다.

그러나 현실은 다르다. 제품 가격에 그 비용이 포함되어 소비자가 부담하고, 아울러 시민의 세금도 쓰인다. 지자체는 선별장과 수거 차량, 재활용품 처리장을 운영하는 데 막대한 예산을 투입한다. 공공의 비용과 개인의 비용이 겹치고, 우리는 두 번, 세 번

3장 내가 분리한 쓰레기, 누가 끝까지 책임지나?

비용을 낸다. 예를 들어, A 시가 2022년 생활폐기물 처리에 쓴 예산은 약 7,400억 원이었다. 그중 재활용품 분리수거와 처리에만 2,000억 원 넘게 들어갔다. 생산자가 낸 분담금으로 충당된 것은 이 중 일부에 불과하고, 나머지는 결국 시민의 세금에서 충당한 것이다. 우리가 생수 한 병, 간식 한 봉투, 세제 한 통을 살 때, 이미 '재활용 분담금'은 아무 표시 없이 빠져나간다. 생산자 책임이라는 명분이 강조되지만, 그 구조의 바닥에는 시민의 부담이 깔려 있다.

이렇게 걷힌 분담금은 어디로 갈까? 한국포장재재활용사업공제조합과 한국순환자원유통지원센터는 이 돈을 모아 실제 재활용 현장, 선별장, 처리업체, 재활용 사업자 등에게 각종 지원금과 보조금 형태로 배분한다. 정책적으로는 '분담금의 투명한 집행', '실적에 따른 지원', '자원 순환 성과 평가' 등이 강조된다. 그러나 이 흐름이 얼마나 투명하고 공정하게 작동하는지에 대해서는 시민사회와 언론, 국회가 꾸준히 문제를 제기하고 있다.

2021년과 2022년 국정감사에서는 두 기관의 방만한 운영, 회계 불투명, 임직원 복리후생 문제 등이 계속 지적됐다. 조합 이

사장의 연봉이 총리보다 많고, 임원들은 퇴직금이나 차량 유지비 규모, 법인카드 한도까지 스스로 정한다. 내부 회계와 법인카드 사용 내역은 비공개로 남아 있다. 환경부가 소관 부처지만, 이 기관들은 법적으로 공공기관이 아니기 때문에 환경부도 강제 감사를 할 수 없다. 실제로 국회나 외부 시민사회가 이 돈의 흐름을 직접 감시하고 통제하는 장치는 매우 제한적이다.

분담금이 실제로 자원 순환에 얼마나 쓰이고 있는지, 지원금 배분이 현장에 공정하게 전달되는지, 시민이 직접 확인할 방법은 거의 없다. '분담금의 사용 내역 공개'와 '투명성 강화' 요구가 끊임없이 제기되는 이유다. 실제로, 연간 수천억 원이 모이지만 시민사회나 국회, 언론이 들여다볼 수 있는 정보는 한정적이다. "누가, 무엇을 위해 이 돈을 쓰는가?"라는 질문에 명쾌하게 답할 수 없는 구조가 굳어진 것이다. 이런 구조는 '공공적 업무를 맡은 민간 조합'이라는 명분 아래 방만한 운영을 지속하도록 했다.

그리고 실적에 따라 분담금을 처리업체 지원금으로 배분하는데, 실적 기준과 평가 역시 충분히 투명하다고 보기 어렵다. 처리업체는 지원을 더 받기 위해 실적을 부풀릴 수 있고, 조합과

센터 역시 실적 수치 자체만 중시한다. 감독기관은 숫자 관리와 서류 검토에만 치중할 뿐이다. 현장에서 실제로 자원이 어떻게 순환되는지 깊이 들여다보는 체계는 갖춰지지 않았다. '생산자 책임'이라는 말은 제도와 통계 속에 흩어질 뿐, 현실에서는 누구에게도 구체적으로 부과되지 않는 셈이다. 돈과 실적, 행정 절차 속에 쪼개진 책임은 결국 흐릿해진다.

문제는 이 모든 비용과 책임의 구조가 결국 시민의 몫으로 돌아온다는 점이다. 분리배출을 정확히 하라는 요구, 포장을 깨끗이 씻어내라는 지침, 혼합 배출을 피하라는 안내가 생활 곳곳에 붙어 있다. 안내문과 캠페인은 분리배출 실패의 원인을 시민 실천 부족으로만 돌린다. 하지만 실제로 기업은 복잡하고 재활용이 어려운 포장을 만들어도, 분담금만 내면 제도적으로 책임에서 벗어난다. 게다가 이런 포장 방식으로 마케팅 효과까지 누리는 아이러니가 벌어진다. 재활용이 어려운 재질일수록 분담금 단가가 낮아지는 구조도 여전히 남은 문제이다.

시장에는 가장 많이 팔리지만 거의 재활용되지 않는 포장이 늘어나고, 선별장은 그 많은 복합재질 폐기물을 OTHER로 분류해 소각장이나 매립장으로 보낼 수밖에 없다. 시민의 손끝에 남는 수고와 피로는 쓰레기봉투로 돌아온다.

[그림] 책임의 사각지대에 놓인 재활용 구조

　분담금과 책임의 흐름은 구조적으로 모호하다. 정책과 제도, 조합과 센터, 기업과 정부 모두 실적과 통계, 공식 보고서로 책임을 피해 간다. 정책과 제도가 자기 책임을 내려놓는 사이, 사회 전체의 피로와 불신만 커진다. 책임의 분산과 사각, 그리고 반복되는 자기모순이 이제는 구조 자체의 한계로 굳어지고 있다. 결국 이 구조에서 남는 것은, 또다시 실패의 원인을 시민 실천에서만 찾는 자기모순이다.

"시민은 왜 항상 마지막 책임자가 되어야 하는가?" 그 모순이 반복될수록 시민의 피로와 불신은 더욱더 깊어진다. 분리배출을 잘하면 언젠가 구조가 바뀔 것이라는 믿음도, 제도의 경직성과 책임 분산 앞에서 점점 희미해진다. 이제 진짜 책임은 누구의 몫이어야 하는지, 모두가 다시 질문해야 할 때다.

> 시민은 비용을 냈고,
> 기업은 책임지지 않았다.

비용의 역설:
실천할수록 부담은 커진다

 정책상으로는 플라스틱을 생산하는 기업이 EPR 제도 아래에서 분담금을 낸다. 그러나 현실의 흐름은 다르다. 이 모든 과정에서 소비자가 가장 큰 부담을 진다. 손끝의 실천, 제품 가격에 더해진 비용, 세금과 환경부담금까지 모두 소비자의 부담이다. 그만큼 순환이 잘되고 있는지 물으면, 답은 여전히 불투명하다. 정책은 생산자 책임과 순환경제, 재활용률 목표치를 내세운다. 그러나 비용 구조의 왜곡과 현장의 비효율은 사라지지 않는다. 구조는 바뀌지 않은 채, 비용만 여러 경로를 거쳐 다시 시민에게 전가된다.

구조적 비효율의 원인은 곳곳에 있다. 분리배출 시스템이 정교해질수록, 복합재질이나 쉽게 분리되지 않는 포장재가 쏟아진다. 기업은 생산과 설계 단계에서 실질적인 책임을 피해 간다. 포장재가 아무리 재활용이 어렵고 여러 재질이 붙어 있어도, 조금 더 분담금만 내면 시장에 그대로 내놓을 수 있다. EPR 분담금은 현장 처리 비용과 정확히 연동되지 않는다. 포장재를 많이 낸 기업이 분담금을 더 내기는 하지만, 실제로 재활용에 성공했는지, 현장에서는 얼마나 큰 비용이 드는지까지 꼼꼼하게 반영되지 않는다.

복합재질과 오염된 폐기물 비중이 높아질수록 재활용업체의 선별·처리 비용은 올라간다. SRF 품질 기준이 강화되면서 버려지는 플라스틱 처리 단가도 함께 상승했다. 품질이 낮은 재생 원료는 시장 수요가 줄고 가격이 하락하며, 재활용업체의 수익성은 악화된다. 문제는 다시 이러한 처리 비용이 시민과 지자체에 전가되는 것이다.

이 현실은 생활 속 선택에서 드러난다. 병맥주와 캔맥주의 선호도 차이가 그 예이다. 병맥주는 캔맥주보다 더 비싸다. 병에는 병 보증금이 포함돼 있기 때문이다. 정부는 병의 재사용을 유도하기 위해 병 보증금 제도를 도입했다. 하지만 캔맥주에는 보증금이 포함되어 있지 않다. 병맥주가 더 비싸지니, 점점 더 많은 소비자가 캔맥주를 선택하게 되었다.

[그림] 보증금 제도와 재사용의 역설

해외에서는 이미 페트병에도 보증금 제도를 도입해 회수율과 재활용률을 획기적으로 높이고 있다. 한국도 최근 페트병 보증금제 도입이 논의되고 있지만, 여전히 실행에는 한계가 많다.

병 보증금 제도는 재사용 병의 경쟁력을 떨어뜨리고, 오히려 정책 효과와 소비자 부담 사이의 간극만 키운다. 결국, 재사용을 유도한다는 정책이 현실에서는 비용 부담을 늘리고, 일회용 포장재 소비를 부추기는 악순환으로 이어지게 하는 셈이다.

플라스틱 포장재에서도 이러한 왜곡이 벌어진다. 복합재질 포장재 규제는 강화되었지만, 여전히 많은 복합재질 포장재가 유통되고 있다. 그 결과 선별장과 재활용업체는 처리비 상승과 수익성 악화를 겪고, 비용은 다시 시민과 지자체로 전가된다. 현장의 비용 부담, 소비자의 지출, 재생 자원 시장의 불안정이 맞물리며 악순환이 고착된다. 그러나 책임 주체가 모호한 구조 속에서 시민의 부담만 커지고, 소비자의 실천은 또 하나의 짐으로 남는다.

구조를 바꾸지 않는 한, 진짜 순환은 시작되지 않는다. 비용이 진정한 순환을 위해 쓰이려면, 누가 무엇을 어디까지 책임져야 하는지 사회 전체가 분명히 해야 한다.

> 책임은 흐려졌고, 비용만 남았다.
> 진짜 순환은 책임의 구조를 바꿀 때 시작된다.

선별부터 막힌
분리배출 실천

우리가 분리해서 내놓은 폐기물은 어디로 갈까? 수거 차량이 담아간 쓰레기는 선별장으로 향한다. 여기서 재활용이 가능한 자원은 골라내고 나머지는 폐기된다. 즉, 재활용이 실제로 시작되는 첫 현장이 바로 선별장이다. 그런데 이 중요한 시설을 누가 소유하고 있는지 아는 사람은 많지 않다. 예전에는 지자체가 직접 운영하거나 지역의 중소 민간 업체가 운영했다. 하지만 최근 몇 년 사이, 조용한 변화가 일어났다. 국내 대기업과 해외 자본이 이 선별장 시장에 들어오기 시작한 것이다. 왜 이런 일이 벌어졌을까?

선별장은 보통 두 가지 수익 구조로 운영된다. 하나는 자원 판매 수익, 다른 하나는 지자체로부터 받는 위탁 수익이다. 문제는 시장 가격에 영향을 받는 자원 판매 수익이다. 재활용품 가격이 내려가면 판매 수익이 줄어들고, 운영 자체가 어려워진다. 그렇기 때문에, 민간 업체가 운영하는 선별장은 시장 가격의 흐름에 따라 운영할 수밖에 없다. 그런데도 정부나 지자체는 이 상황을 관리하지 않는다. 시장 상황이 바뀌어도, 그걸 보완할 장치가 없다.

이러한 상황은 어떤 문제를 일으킬까?

첫째, 쓰레기 선별 기준이 정부가 정한 목적이 아니라, 수익으로 바뀐다. 즉, 어떤 방식으로 선별할지는 민간 업체가 결정한다. 그리고 재활용률보다 재판매 가치, 품질보다 처리 단가가 더 중요해진다. 재활용은 '자원을 다시 쓰는 일'이 아니라 '민간의 수익을 창출'하는 출발점이 된다. 결국, 돈이 되는 자원만 골라내고 다른 건 버리는 방식이 반복될 뿐이다.

둘째, 쓰레기가 어디로 가는지, 실제로 다시 쓰였는지를 감시할 수 있는 정부의 힘이 약해진다. 어떤 자원을 얼마큼 골라냈는지

업체가 제출한 자료를 믿을 수밖에 없는 구조다. 특히 외국 자본이 소유한 업체에 자료 제출를 요구하거나 확인을 요청할 때 제한이 많다.

 셋째, 정부가 새로운 정책을 만들더라도 현장에 적용하기 어렵다. 수익이 줄어든다는 이유로 민간 업체가 기준을 따르지 않거나, 형식적으로만 이행하는 일이 생긴다. 정부가 기준을 만들어도 실제로 바뀌지 않고 그대로 유지되는 상황이 반복된다.

 최근 몇 년간 폐플라스틱 가격이 급격한 등락을 반복하자, 그 구조의 취약성이 드러났다. 가격이 내려가면 수거가 중단되거나 창고에 적치되고, 처리 지연으로 불법 수출입 문제가 발생했다. 시장성 없는 복합재질 폐기물은 애초에 외면되며, 수거조차 이뤄지지 않는다. 이 과정에서 시민은 분리배출했는데도 수거 처리되지 않아 불편을 겪게 된다. 지자체는 처리 단가 폭등과 행정 부담을 떠안는다.

 가장 극단적으로 벌어진 게가, 앞서 이야기한 2019년 경북 의성의 '쓰레기 산' 사태이다. 이 사건은 행정 감시의 공백, 민간 시장의 사각지대, 수익성 중심 처리 구조가 동시에 드러난 사건이다. 국민적 충격과 여론의 분노는 컸지만, 이런 대규모 방치 사례는 여러 지역에서 비슷하게 반복된다. 2023년 기준 전국에서 불법 방치된 폐기물은 수십만 톤에 달한다.

지자체와 정부는 재활용률을 높이겠다면서 실적만 챙긴다. 하지만 실제로 다시 쓰였는지 확인하지 않은 채, 선별장에서 제출한 자료로만 계산한 실적이다. '선별'했다는 보고만 받고, 곧 재활용됐다고 처리하는 것이다. 이렇게 되면, "재활용률을 높이자"라는 정책 기조는 말뿐인 구호로 남는다.

[그림] 숫자만 보는 행정, 수익만 보는 현장

제로 웨이스트라는 개념도 여기서 한계를 맞는다. 개인, 기업, 지자체가 '쓰레기 없는 사회'를 내걸지만, 시장 가격 변동과 민간 영역의 불투명성이 실제 자원 순환을 어렵게 만든다. 자원은 흘러가야 할 길을 잃고, 수거 중단으로 인한 폐기물의 산적 같은 혼란이 반복된다.

이것은 더 이상 단순한 환경 문제가 아니다. 정책과 현실의 괴리, 시민의 노력과 실제 효과의 단절이라는 근본적인 시스템 실패를 드러내는 것이다.

> 우리는 원칙을 지켜 분리배출했지만,
> 자원 순환은 자본에 막혀 있다.

시장에 맡긴 순환,
통제되지 않는 흐름

선별장 운영뿐만 아니라 재활용 시장 자체가 민간에 맡겨진 지 이미 오래다. 최근 몇 년간 국내 폐기물 중간처리업체 상당수가 외국계 투자 자본, 사모펀드 등에 매각·인수되는 사례도 늘고 있다.

폐기물 시장은 그 자체로 안정적인 수익을 보장한다. 쓰레기는 매일 나오고 수거·운반·선별·처리라는 흐름은 멈출 수 없는 사회의 기본 작업이다. 이 과정이 민간 수익사업으로 짜여지면, 자본가의 처지에선 예측할 수 있는 수익이 계속 생기는 구조가 되는 셈이다. 특히 지자체에서 위탁한 선별장은 더 안정적이다. 계약 기간이 보장되고, 매년 처리량이 정해진다. 여기에 정부 보조금, 에너지화 지원금, 벌금 감면까지 더해지면 위험은 거의 없고 안정적인 수익만 있는 사업이 된다. 그 틈을 대형 자본이 파고든 것이다.

그다음 단계로는 해외 자산운용사와 국내 대기업의 선별·소각·재활용을 묶는 통합 운영 도델 검토가 확대될 수 있다. 결과적으로 '폐기물 통합 플랫폼' 방식으로 시장 재편이 이어질 가능성도 커진다. 이러한 과정에서 디익만을 추구하다 보니, 장기적 품질과 공공성은 뒷전이 되는 현상이 곳곳에서 드러날 것이다. 시장 가격에만 의존하는 구조에서는 공공의 통제력, 정책적 견제, 그리고 소비자와 시민의 감시가 점점 더 어려워진다.

시장만 믿는 순환경제는 재활용품의 가격이 내려가면 수거와 처리, 분리배출 시스템 자체가 마비되는 구조적 한계를 드러낸다. 민간 영역의 '효율성'이라는 논리는 수익성이 낮은 품목을 외면하고, 가장 돈이 되는 자원만 집중하는 '선택적 순환'을 만들어낸다. 이런 흐름은 폐지 가격 폭락, 수거 거부, 방치된 자원의 산적, 수입 폐기물 논란 등으로 이어진다. 언론과 국회, 언론 등을 통해 이러한 문제점이 반복적으로 지적됐다.

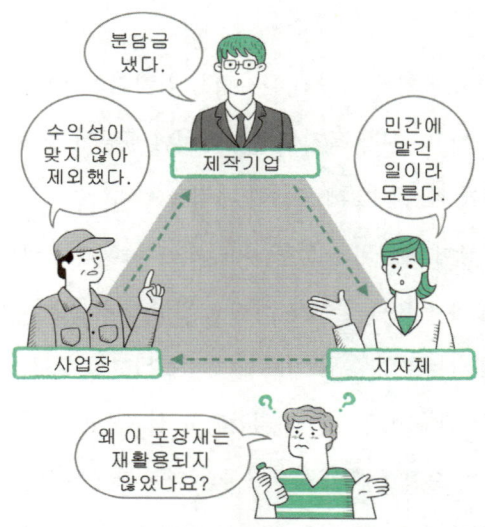

[그림] 순환되지 않는 자원 재활용

해외에서는 이미 공공 플랫폼, 자원 순환공사 등 견제 장치의 필요성을 거론하기 시작했다. 일본은 자원 순환법 개정과 함께 지자체와 공공이 시장에 직접 개입해 폐자원의 가격, 수급, 정보 공개를 조정하고 있다. 독일, 프랑스 등도 국가가 시장 감시와 개입 역할을 강화하며, 공공적 거래소, 정보공개, 투명한 품질 평가와 감시체계를 법적으로 의무화하고 있다. 시장의 불투명성과 민간 독점, 수익성 위주의 폐기물 순환을 견제하기 위한 제도적 장치가 마련된 것이다.

 한국에서도 폐기물 시장의 불투명성과 가격의 급등락, 대기업·외국자본 중심의 시장 독점에 대응하려면 공공이 일정 부분 자원 순환 시장에 직접 개입해 수급과 가격을 관리하는 체계를 갖춰야 한다는 주장이 제기되고 있다. 최근에는 국회 토론회와 각종 공청회, 전문가 세미나 등에서 자원 순환공사나 공공 거래 플랫폼과 같은 공공영역의 설립 필요성이 거론되기도 했다. 수요와 공급, 가격의 변동이 민간의 이익만으로 결정되는 지금의 시장 구조로는 자원 순환 흐름의 불투명성과 위기 대응의 한계를 극복하기 어렵다는 데 문제의식을 느끼기 시작한 것이다. 아직 제도화 단계에 이르지는 못했지만, 공공의 견제와 감시 시스템, 정보공개와 품질 평가, 이해관계- 공식 논의체 구성까지, 앞으로 자원 순환 정책의 흐름을 바꾸는 중요한 실험이 될 수 있다.

 정책학과 규제 정책의 원리에도 이런 문제의식을 적용하도록 반복해서 요구하고 있다. 효율성과 경쟁, 시장원리에만 기대어 시스템을 설계하면 공공의 책임과 통제, 정보공개, 그리고 사회 전체의 신뢰는 쉽게 약해진다. 규제 정책의 핵심은 단순한 규칙 제정이나 시장 위탁이 아니라, 공공이 시장 전체의 흐름을 감시하고 필요할 때 적극적으로 개입해 사회적 책임과 균형을 유지하는 것에 있다.

이미 시장에만 맡겨진 자원 순환 시스템이 제대로 통제되려면, 공공이 견제하고 감시하는 구조, 이해관계자 모두가 참여하는 공식 논의체와 정보공개, 사회적 책임의 재설계가 필요하다. 포장재 설계 단계에서부터 공공이 기준을 제시하고, 기업의 책임 이행을 강제할 수 있는 제도적 장치가 마련되어야 한다.

자원의 흐름을 다시 공공이 통제하지 않는 한, 정책과 생활의 틈은 계속 벌어진다. 기술의 발전, 새로운 처리 방식, 글로벌 시장의 변화가 이어져도, 공공의 역할이 약화되면 실질적 순환은 실현되기 어렵다. 행정의 감시와 사회적 책임, 정책의 실효성 모두가 시장에 예속될 때, 실적은 남아도 신뢰는 사라진다.

공공성과 투명성, 진짜 순환, 사회적 신뢰, 미래 자원 관리라는 목표를 이루려면, 이제 시장의 논리만으로는 흐름이 이어지지 않는다는 점을 정책이 공식적으로 인정하고, 근본적인 구조와 책임의 연결을 다시 짜야 할 시점이다.

> 시장은 효율을 따졌다. 흐름은 끊어졌다.
> 견제 없는 순환은, 결국 멈췄다.

공공성과 투명성:
시장 너머의 감시

한국의 자원 순환 시스템은 대부분 민간 위탁에 기반해 운영된다. 소비자가 꼼꼼히 분리배출한 재활용품은 지방자치단체를 거쳐 다시 민간 수거·선별 업체에 맡겨진다. 이 시장은 기본적으로 효율성과 수익성을 최우선으로 한다.

그런데 문제는 수익성이 떨어지는 품목, 특히 복합재질 폐기물 등은 관리 사각지대에 놓인다는 점이다. 시장 가격이 급락하거나 불안정해지면 수거가 중단되고 재활용이 지체되며, 결국 소각과 매립으로 이어지는 악순환이 반복된다. 이 구조적 한계는 높은 재활용률 수치와 달리 실제 물질 순환이 제대로 이루어지지 않는 현실을 만들어 낸다.

이 문제를 해결하기 위해서는 단순히 민간에만 맡기는 구조에서 벗어나 공공의 역할을 강화해야 한다. 공공은 시장의 감시자이자 조율자 역할을 수행하며, 단순 감독에 그치지 않고 적극적인 개입과 투명성 확보를 통해 자원 순환 체계의 신뢰와 지속 가능성을 높여야 한다. 이는 공공성이 강조되는 정책학적 원리와도 일치한다.

공공의 역할은 크게 세 가지로 나눠볼 수 있다.
첫째는, 재활용 자원의 품질 기준을 정립하고 엄격히 관리하는 일이다. 재활용률 수치를 높이는 데만 집중할 것이 아니라, 실제로 다시 쓸 수 있는 고품질 자원을 만들어 내는 것이 근본 목표여야 한다. 품질 관리가 부실하면 아무리 많은 양이 수거되어도 결국 재활용이 아닌 소각이나 매립으로 향하게 된다.

둘째는, 재활용 자원의 거쾌를 투명하게 하고 시장 가격의 불안정을 완화하는 역할이다. 자활용 시장은 폐기물 품목별로 가격이 크게 변동하고, 이로 인해 수거 거부 사태나 공급 차질이 반복된다. 이를 막기 위해 공공이 거래 플랫폼이나 거래소를 운영하며, 수급 조절과 가격 안정 기능을 수행할 필요가 있다. 투명한 거래 환경은 시장 참여자 모두에게 신뢰를 제공하고, 가격 급등락으로 인한 불확실성을 줄인다.

셋째는, 정보공개와 시민 참여를 보장해 지속적인 감시와 피드백이 가능하도록 시스템을 구축하는 것이다. 자원 순환 정책과 시장이 신뢰받기 위해서는 데이터와 정보가 투명하게 공개되어야 한다. 소비자, 시민사회, 전문가가 정책 과정과 현장 실행을 감시하고 의견을 제시할 수 있어야 한다. 이는 정책의 현실 적합성과 지속 가능성을 높이는 데 핵심적인 요소다.

한국에서도 최근 자원 순환공사 설립 논의가 제기되고 있다. 자원 순환공사는 공공이 자원 거래 시장을 견제하고 균형을 잡는 장치로 설계되는 기관이다. 가격 급등락과 수급 불안정을 완화하고, 재활용품의 품질을 관리하며, 시장 데이터를 투명하게 공개해 신뢰할 수 있는 거래 환경을 마련하는 것이 목표다. 아울러 공정한 거래 질서를 세우고 연구개발과 정책 제안을 지원해, 자원 순환의 혁신 동력으로 작동할 수 있다.

공공의 역할 강화는 단순한 시장 개입이 아니다. 이는 시장 실패에 대응하고, 자원 순환 체계 전반의 신뢰와 안정성을 구축하는 핵심 장치다. 민간 위주의 시장은 단기 이익에 집중하면서 공공의 가치와 지속 가능성을 저해하는 경향이 있다. 이에 대응하는 공공성 강화는 정책학적으로도 필수다. 자원 순환은 환경, 경제, 사회적 공공재 성격이 강해 시장 논리만으로는 충분하지 않다. 정부와 공공기관이 시장을 감시하고, 투명한 정보공개를 통해 사회적 신뢰를 쌓으며, 필요한 경우 적극 개입하는 것이 균형과 책임 유지에 꼭 필요하다.

특히 감시와 투명성은 정책 신뢰의 기반이다. 정보 비대칭과 시장 불투명성은 이해관계자 간 불신과 정책 실패로 이어진다. 따라서 데이터 개방, 품질 정보공개, 그리고 시민 참여 감시 시스템 구축은 공공 영역이 반드시 갖추어야 할 기능이다. 이는 시민과 소비자가 정책에 참여하고, 감시할 수 있어야 진짜 변화가 가능하다는 뜻이다.

더 나아가 공공과 민간, 시민사회가 함께 참여하는 거버넌스 체계가 강화되어야 한다. 독점적이고 일방적인 공공 개입이 아니라, 다양한 주체가 협력하여 시장을 함께 관리하고 조율하는 방식이다. 이 협력적 거버넌스 모델은 정책 실행의 유연성과 현실 적합성, 지속 가능성을 높이는 데 결정적이다.

 공공성과 투명성은 단순한 정책 과제를 넘어 시민 신뢰 회복의 열쇠다. 분리배출에 최선을 다하는 시민들이 실제 순환을 체감하려면, 공공의 책임 있는 역할과 효과적인 감시 체계가 필수적이다. 그때 비로소 자원 순환이 단순한 구호가 아니라, 삶의 현실로 자리 잡을 수 있다.

> 공공이 시장을 조율한다.
> 투명한 정보가 신뢰를 만든다.
> 진짜 순환은 감시와 협력에서 시작된다.

끝까지 책임지는 구조,
진짜 순환을 만드는 마지막 연결

공공의 실험은 시행착오를 겪었다. 1980년대 정부는 영농폐기물부터 도시의 생활폐기물까지 공공이 직접 재활용을 책임지려는 목적으로 '자원재생공사'를 설립했다. 그러나 기술과 제도, 국민적 공감대 모두 충분치 않았다. 공단 체계에서 책임은 자주 시장에 떠밀렸고, 시장의 논리에 막혀 결국 환경공단과 통합되었다. 남은 것은 민간으로 분산된 책임과 깊어진 신뢰의 공백이었다.

그렇다면, 우리는 왜 지금 '공사'라는 새로운 선택을 고민해야 할까? 순환경제란 이름 아래 시민의 실천만 반복되는 구조를 넘어서려면, 흐름의 마지막을 끝까지 책임지는 주체가 필요하다. 시장에만 맡기면 위기가 반복되고, 공공이 단순히 보조자 역할에 머무르면 변화는 쉽지 않다. 이제는 위기 때 즉각적으로 개입하고, 평소에도 균형을 유지할 수 있는 공공의 독립적 안전망이 절실하다.

향후 자원 순환공사가 설립된다면, 단순한 감시자로서의 역할을 넘어설 것이다. 과점과 담합, 폐기물 배분의 불투명성, 정보의 비대칭을 해소하고, 필요할 때는 직접 시장을 조정할 수 있는 역동성이 요구된다. 재활용 품목별 가격과 유통량 데이터가 실시간으로 공개되고, 대규모 불법 투기나 가격 변동, 국부 유출에 신속히 대응할 수 있어야 한다. 무엇보다 정책, 기술, 시장 모두를 아우르는 전문성과 투명성, 그리고 시민·업계·지자체가 함께 정책 결정 과정에 참여하는 구조가 필수적이다. 이를 위해서는 순환경제사회법, 폐기물관리법 등 근본적 제도 개혁도 필요하다.

이 변화가 가져올 기대효과는 명확하다. 책임의 사각지대에 내버려지는 폐기물이 줄고, 재활용 산업의 신뢰와 기반이 안정된다. 국부 유출을 막고, 시민의 실천과 정책의 신뢰, 시장의 지속 가능성이 다시 연결된다. 위기 때마다 불안에 흔들리던 구조 대신, 평상시에도 혁신이 가능하고, 모두가 믿고 의지할 수 있는 '끝까지 잇는 공공의 구조'가 현실이 된다.

결국 변화는 누군가 책임을 끝까지 지겠다는 의지에서 시작된다. 시민의 실천, 현장의 노고, 정책의 의도가 마지막까지 이어질 때, 진짜 순환경제의 문이 열린다. 그러면, 실천의 허탈함도, 구조적 불신도 넘어설 수 있다. 공공의 연결이 다시 사회 전체를 움직이도록, 그 변화가 이제 시작되어야 한다.

무엇보다 이러한 변화는 특정한 제도나 단일한 기관 설립만으로 완성되지 않는다. 순환경제의 구조는 오랜 시간 동안 시장의 효율성과 공공의 역할, 시민의 생활 실천이 엮여온 결과이기 때문이다. 지금 필요한 것은 '끝까지 책임지는 구조'를 현실에 맞게 점진적으로 설계하고, 실제 현장에 맞는 방식으로 실천하는 꾸준한 전환이다.

앞으로 순환경제사회법 등 제도적 기반이 더 정교하게 마련되면, 품질관리와 정보공개, 시장 안정장치 같은 실제적 변화가 현장에 닿기 시작할 것이다. 시민이 분리배출한 자원이 어디서 어떻게 처리되는지, 수치와 성과가 아니라 구체적인 이력과 품질로 확인할 수 있는 시대가 올 수 있다. 더 나아가, 위기가 발생했을 때도 지자체와 중앙정부, 그리고 공공의 조정 기구가 즉각적으로 책임을 나누고 현장에 개입해, 누구도 피해자로 남지 않는 구조를 만들 수 있다.

 이런 구조의 변화가 정착되면, 시민은 다시 실천의 보람을 느끼고, 기업은 책임 있는 생산과 배출에 더 적극적으로 동참할 수 있다. 지자체는 과도한 처리비 부담에서 벗어나 효율적인 예산 집행이 가능해지고, 국가 차원에서는 재생 원료 산업의 육성과 신뢰 회복, 그리고 사회 전체의 자원 순환율이 실질적으로 높아지는 효과를 얻을 수 있다.

 마지막으로, 이 모든 변화의 전제는 '책임의 끝'을 사회 전체가 함께 고민하고, 각자의 자리에서 그 흐름을 끊지 않는 연대에 있다. 순환경제란 단지 자원을 다시 쓰는 기술적 구조가 아니라, 공동체 전체가 신뢰를 회복하는 사회적 약속의 과정이다.

오늘도 우리는 분리수거함 앞에서, 각자의 손끝으로 이 약속을 지키고 있다. 이제 그 손끝의 노력이 마지막까지 책임과 결과로 연결되는 사회, 그 진짜 순환의 구조를 설계해야 할 때다.

> 책임의 고리가 마지막까지 이어질 때,
> 순환경제는 더 이상 구호가 아닌 현실이 된다.
> 공공의 연결이 흐름을 관성한다는 단순한 진실,
> 그 답이 이제 우리 앞에 있다.

구조의 실험:
책임을 묻고 잇다

 한국의 자원 순환 체계는 다양한 주체가 각자의 역할을 맡아 운영되고 있다. 소비자는 분리배출을 담당하고, 지방자치단체는 수거와 선별을, 민간 위탁업체는 재활용과 최종 처리에 참여한다. 그러나 이런 역할 분담에도 불구하고, 책임은 전체 흐름에서 유기적으로 연결되지 않고 흩어져 있다. 분리배출부터 수거, 선별, 재활용, 최종 처리에 이르는 과정에서 누가 어디까지 책임져야 하는지 불분명해 결국 연결 고리가 끊기는 경우가 많다. 이로 인해 소비자가 아무리 꼼꼼하게 분리배출해도 폐기물이 실제 재활용으로 이어지는 길은 막히고 만다. 이러한 구조적 단절은 한국 자원 순환 정책이 반복적으로 실패하는 근본 원인이다.

정책학에서는 이런 구조를 '책임의 분산과 단절'로 설명한다. 이러한 책임의 단절과 정책 일관성 부족은 2019년 한 언론 보도에서 집중적으로 드러났다. 당시, 물에서 분리돼 뜨는 접착식 라벨에는 '재활용 우수' 등급을 부여하고 손으로 떼기 쉬운 비접착식 라벨에는 오히려 '재활용 곤란' 등급을 부여했다. 정책 기준 자체에 모순이 있었던 것이다. 업계와 소비자들은 "쉽게 떼기 쉬운 라벨이 왜 오히려 등급이 낮은지 이해할 수 없다"라고 반발했다. 정책이 물리적 기준만을 앞세우며 현장의 경험, 소비자의 실천, 기술과 시장의 현실을 충분히 반영하지 못한 사례이다.

책임 분산 구조는 단순한 기술적 문제나 실수에서 비롯된 것이 아니다. 한국은 수거, 선별, 재활용 등 폐기물 처리 과정 대부분을 민간에 위탁했다. 민간 영역에 맡긴 이유는 효율성 제고와 비용 절감, 그리고 시장 원리에 기반한 자원 순환 활성화였다. 그러나 실제로 민간 업체들은 수익성이 낮은 품목에 대한 수거를 소홀히 하고, 수익이 높은 품목에만 집중하는 '선택적 순환'을 현실화했다. 특히 외국계 자본과 사모펀드 등 대규모 투자 자본이 폐기물 시장에 진입하며, 수요·공급과 가격을 결정하는 구조는 더욱 복잡해지고 불투명해졌다. 기업과 민간 업체는 이윤 극대화에 치중하는 반면, 사회적 책임과 지속 가능한 자원 관리 문제는 뒷전으로 밀렸다.

지방자치단체와 정부는 관리와 감독 역할을 담당하지만, 인력과 예산 부족, 그리고 민간 위탁 구조의 한계 때문에 실질적으로 개입하기가 어렵다. 또한 폐기물 처리 과정 전반의 정보 투명성이 부족해 소비자나 일반 시민은 자신이 분리배출한 폐기물이 어디로 어떻게 처리되는지 알기 어렵다. 이러한 불투명성은 정책에 대한 신뢰 저하와 함께, 시민들의 분리배출 의지 약화로도 이어진다.

책임의 연결이 완성되는 흐름은, 포장재 설계, 생산, 유통, 수거, 선별, 재활용·연료화, 폐기까지 모든 단계가 하나의 구조로 이어질 때 가능하다. 정책과 기업, 행정과 시장 모두 실적과 통계가 아닌 실제 자원 흐름에 책임을 지는 새로운 설계가 필요하다.

해외의 성공 사례들은 이런 문제를 어떻게 극복했는지 보여준다. 독일의 'DSD(Duales System Deutschland, 녹색 점 시스템)'는 생산자에게 재활용에 관한 법적 책임을 부여하는 제도이다. 기업은 제품 설계 단계부터 재활용 용이성을 고려하고, 회수·재활용 비용을 부담한다. 정부는 투명한 데이터 관리와 품질 평가, 사회적 감시 체계를 법제화해 재활용 흐름의 견고한 연결 고리를 구축한다.

한국에서 이러한 모델을 도입하기 위해서는 '누가 자원 순환 구조를 설계하고 책임질 것인가'부터 분명히 해야 한다. 새로운 구조를 짜는 일은 단순한 제도 변경을 넘어선다. 각 주체가 전체 순환 과정을 바라보고 끝까지 책임지는 시스템을 만들어야 한다. 생산자는 포장재 설계 단계에서부터 재활용 가능성을 고려해야 하고, 지방정부와 선별 업체는 품질 관리를 철저히 해야 하며, 시민과 소비자가 쉽게 이해할 수 있는 정보를 투명하게 제공하고, 자발적으로 실천하도록 지원하는 구조가 필요하다.

정책 차원에서도 마찬가지다. 책임의 흐름이 멈추지 않도록 정보 공개, 시민 참여, 품질 등급 공개, 기업 책임 평가 같은 제도를 강화할 수 있다. 무엇보다 중요한 것은 '책임을 어떻게 분산하느냐'가 아니라, '책임이 흐름을 따라 이어지는가'를 사회적으로 점검하는 일이다. 책임이 이어지고 과정 전체의 투명성이 높아질 때 각 단계가 유기적으로 연결되는 변화가 일어난다.

소비자는 모든 책임을 자신에게 돌릴 필요 없다. 실천이 끝난 이후, 흐름의 다음 주체를 살펴보고 어디서 멈추는지 질문하는 것 자체가 구조를 바꾸는 출발점이 될 수 있다. 오늘 내가 버린 포장재가 어디로 갔는지, 어떤 경로로 다시 쓰였는지 확인할 권리를 놓지 않는 것이 가장 중요하다.

때로는 이해관계가 충돌할 수도 있다. 현장과 제도, 기업과 정부, 시민사회는 서로 다른 목표와 현실로 갈등을 겪기도 할 것이다. 이런 갈등은 피할 수 없지만, 중요한 것은 '누구 탓'인지 가리는 게 아니라 흐름이 어디서, 어떻게 멈추는지를 함께 확인하는 태도다. 각자 책임을 다했다고 말하는 순간 구조의 변화는 멈춘다. 서로의 경계를 조금씩 넘으며, 책임의 바통을 다음 단계에 제대로 넘기는 경험이 누적되어야 한다.

결국 "누가 끝까지 책임지는가?"라는 질문에 답하지 않는 한 분리배출은 실천에서 멈추고, 자원 순환은 흐름을 잇지 못한다.

경계에서 멈춘 책임을 흐름으로 잇는 일, 그것이 새로운 순환의 시작이다. 책임의 실타래를 다시 잇는 일은 결코 쉽지 않다. 하지만 연결된 책임 없이는 순환경제도, 진짜 다시 쓰임도 불가능하다.

이제 우리나라는 누가, 어떻게, 어디까지 책임질 것인지 명확히 정하고, 끝까지 이어지는 책임의 구조를 어떻게 완성할지 모두가 함께 고민해야 할 때다. 그리고 사회 전체가 함께 만드는 구조적 전환에 나서야 할 시점이다.

> 누가 책임지는지 모르면, 다시 쓰임도 없다.
> 구조를 새로 짜야, 순환은 시작된다.

다층적 거버넌스:
책임을 연결하는 새로운 실험

자원 순환 정책은 이제 단순히 정부가 법과 제도를 만들어 집행하는 단계를 넘었다. 정책의 현실은 매우 복잡하다. 행정기관, 지방정부, 기업, 민간위탁업체, 시민사회와 소비자까지 다양한 주체가 얽혀 있다. 이들이 각자 역할을 다할 뿐만 아니라, 서로 협력하고 책임을 공유하는 방식으로 전환해야 한다는 공감대가 형성되고 있다.

서로 다른 역할과 책임을 떠안은 주체들이 연결 고리를 찾아 협력할 때, 자원 순환과 같은 복잡한 사회 문제를 더 효과적으로 다룰 수 있다.

그러나 한국 자원 순환 체계에서는 여러 기관과 조직이 나누어 맡은 일을 하면서도, 이들이 함께 협력하거나 정보를 투명하게 공유하는 데는 한계가 있었다. 이 때문에 책임이 단절되고 정책은 실적 중심으로 운영되며, 현장의 변화는 더디고 불투명해졌다.

이런 한계를 극복하고 변화를 끌어내는 대안으로 '다층적 거버넌스(Multi Level Governance)' 모델에 주목할 만하다. 이는 중앙정부뿐 아니라 지방정부, 민간 부문, 시민사회까지 다양한 수준과 영역의 주체들이 정책 과정에 참여하고 상호 작용하는 구조를 의미한다. 이 모델은 각 주체가 독자적 역할만 수행하는 데 그치지 않고, 정책의 설계와 실행을 포함해 전 과정에서 협력하고 조정하는 방식을 촉진한다.

예를 들어, 지방정부는 지역 특성에 맞는 수거와 선별 방식을 개발하고, 민간 업체와 소비자는 실시간으로 정보를 공유하며, 중앙정부는 전반적인 방향과 품질 기준을 조율하는 식이다. 이런 협력은 정책의 현실 적합성과 실행력을 크게 높인다.

3장 내가 분리한 쓰레기, 누가 끝까지 책임지나?

국제 사례를 살펴보면, 다층적 거버넌스의 장점이 분명해진다. 다양한 국가에서는 자원 순환 문제 해결을 위해 중앙정부 중심의 단일 관리 방식을 넘어, 지방정부와 민간, 시민사회 등 다양한 주체가 협력하는 '분산형 협력 체계'를 강화하고 있다.

한국에서도 최근 정책 전문가, 지방자치단체, 산업계, 시민사회가 함께 참여하는 공식 협의체가 꾸려지고 있다. 이들은 정책 설계, 기준 설정, 실행 모니터링 등에서 공동 책임과 협력 체계를 만들기 위해 노력 중이다. 이러한 협의체는 정책의 투명성과 신뢰를 높이고, 단순한 법·제도 중심에서 벗어나 현실적이고 지속 가능한 순환체계를 설계하는 데 필수적이다.

정보 공유와 데이터 개방도 다층적 거버넌스의 중요한 요소다. 정책이 성공하려면 각 주체가 자신의 역할뿐 아니라 전체 시스템에서의 위치와 책임을 명확히 이해하고, 필요한 정보를 신속하고 투명하게 주고받아야 한다. 이를 통해 시민들은 자신의 분리배출 행동이 어떻게 실제 순환으로 이어지는지 확인할 수 있고, 민간과 공공 부문은 품질 개선과 문제 해결에 함께 나설 수 있다.

물론 다층적 거버넌스가 현실에서 구현되기까지는 수많은 도전이 따른다. 기관 간 이해관계 충돌, 자원과 권한의 배분 문제, 행정 절차의 복잡성, 그리고 기존의 관행과 제도적 경직성 등이 걸림돌이다. 하지만 이러한 문제는 지속적인 대화와 협력, 그리고 책임 소재를 명확히 하는 제도적 장치가 마련될 때 극복할 수 있다.

결국, 자원 순환의 진짜 변화는 개별 주체가 아닌 사회 전체가 함께 책임을 지고, 함께 해결책을 모색하는 과정에서 시작된다. 다층적 거버넌스는 단순한 정책 용어가 아니라, '책임의 실타래'를 다시 잇는 실제적인 방법론이며, 한국 자원 순환 정책이 앞으로 나아갈 방향을 제시한다.

> 협력과 연결 없이는 책임도 없다.
> 다층적 거버넌스가 진짜 순환을 만든다.

작은 실험과 질문이
변화를 일으킨다

남겨진 질문과 작은 시도가 미래의 순환을 만든다

손끝의 실천,
구조의 신뢰로

 분리배출은 이제 누구나 자연스럽게 반복하는 일상이 되었다. 그러나 국민은 분리만, 관리자는 실적만, 시장은 수익만, 정책은 통계 수치만 책임져 왔다. 분리배출은 분명 개인의 실천에서 출발하지만, 그 실천이 순환으로 이어지려면 이를 받쳐 줄 시스템이 필요하다. 하지만 지금은 모두 뒤로 미뤄지고, 책임의 무게가 오직 소비자의 손끝에만 남았다. "분리배출만 잘하면 자원 순환이 완성된다"라는 구호가 반복될수록, 구조의 책임은 가려지고 개인의 실천만 강조된다. 결국 분리수거 구조의 한계에 가로막히면, 손끝의 실천도 완전히 무의미해진다.

실제 재생 원료로 쓰이는 재활용품은 극히 일부이다. 제대로 된 순환을 위해서는 애초에 제품을 설계할 때 포장재 재질을 단순하게 하고, 라벨과 뚜껑도 쉽게 분리할 수 있도록 해야 한다. 나아가 분리배출 이후의 시스템도 달라져야 한다. 선별장은 더욱 정밀하게 작업해야 하며, 시장은 편견 없이 재생 원료를 받아들이는 구조로 바뀌어야 한다.

현실을 확인하려는 노력이 쌓이면, 참여형 감시와 집단적 피드백이 조금씩 사회의 새로운 규범으로 자리 잡고, 선별 기준과 처리 이력이 더 투명하게 공개된다.

공공 정보공개는 감시와 신뢰의 뿌리가 된다. "이 쓰레기가 정말 다시 쓰였는가?", "실적은 실제 순환으로 이어졌는가?" 이런 질문에 답하려면 재활용 여력과 분리수거 통계, 수거·선별·재생의 모든 과정에서 데이터가 투명하게 공개되어야 한다. 누구나 클릭 한 번으로 확인할 수 있는 '쓰레기 이동 지도'나 '재생품 이력 공개 시스템'이 도입된다면, 수치에 가려졌던 구조의 단절도 자연스럽게 드러날 것이다. 감시가 일상화될수록 책임은 명확해지고, 실천은 다시 신뢰로 바뀔 것이다.

4장 작은 실험과 질문이 변화를 일으킨다

손끝에서 출발한 실천이 정보공개와 감시, 집단적 피드백을 거치며 사회 전체의 기준으로 확장된다. 이제 필요한 것은 '잘 분리했다'라는 자부심이 아니라, '내가 분리한 자원이 끝까지 다시 쓰였는가'를 확인하는 신뢰의 구조다. 구조적 전환은 거창한 선언이 아니라 작은 확인과 질문의 반복에서 시작된다. 각자의 자리에서 모은 경험과 데이터가 쌓여, 제도와 시장, 행정의 구조까지 조금씩 변화하기 시작한다.

진짜 변화는 분리배출 실천을 넘어, 포장재 설계, 생산자 책임, 정보공개, 선별장 자동화, 재생 원료 산업 기반, 그리고 시장과 정책이 함께 책임을 나누는 구조로 확장될 때 가능하다. '잘 버린다'가 아니라 '끝까지 책임지는 구조를 만든다'에서 시작된다. "분리배출만 잘하면 된다"라는 사회적 신화에서 벗어나, 이제는 시스템 전체를 바꿔야 한다. 이 변화는 거창한 혁신이 아니라, 각 단계로 이어지는 작은 전환에서 비롯된다.

중요한 것은, 이 변화가 단번에 완성되지 않는다는 점이다. 실험과 공개, 감시와 신뢰, 책임의 흐름은 언제든 끊길 수 있다. 완성된 답을 서둘러 내놓기보다, '질문이 멈추지 않는 구조', '투명하게 공개하고 서로 확인하는 과정'이 필요하다. 우리가 할 수 있는 것은 작은 질문과 확인, 참여와 감시를 실천의 끝에서 멈추지 않고 반복하는 일이다. 그렇게 할 때, 가려졌던 현실이 드러나고 단절된 재활용 구조는 조금씩 메워지며, 변화의 방향이 다시 설계된다.

> 변화는 거창한 해답이 아니라, 작은 실험과 확인, 그리고 끝없이 이어지는 질문에서 출발한다.
> 투명한 공개와 감시, 사회적 신뢰가 이어질 때, 실천은 비로소 구조를 흔들기 시작한다.

다시 쓰임을 넘어, 지속 가능한 사회로

재활용 정책에서 가장 중요한 전환점은 단순히 '다시 쓰임'을 넘어 '지속 가능한 사회'라는 목적을 명확히 하는 데 있다. 물질이 재활용된다는 것만으로는 충분치 않다. 그것이 우리 삶과 환경에 어떤 영향을 미치며, 어떻게 다음 세대에 더 나은 세상을 물려줄지에 대한 근본적인 고민으로 연결돼야 한다.

오늘날 재활용 정책은 '수치 성과'에 지나치게 매몰된 경향이 있다. 재활용률을 높이는 것이 목표가 되었고, 단기적 실적이 정책의 성공 여부를 판단하는 잣대가 되었다. 그러나 이런 수치 중심의 접근은 진짜 순환경제가 추구하는 '자원의 가치 보존'과 '환경

부담 최소화'라는 핵심을 놓치게 만든다.

재활용이란 물질이 재생산되어 새로운 자원이 되는 과정이다. 하지만 현실에서는 재활용이 '소각이나 연료화'와 혼용되어 집계되고, 물질 순환의 깊이와 폭을 제대로 반영하지 못한다. 이런 착시는 소비자에게도 혼란을 주고, 정책에 대한 신뢰를 훼손한다. 숫자는 올라가지만 실제 환경 개선은 미미한 경우가 많다.

진정한 변화를 위해서는 재활용의 질을 높이고 원료 재생산의 품질 기준을 엄격히 적용해야 하며, 재활용 자원의 시장 유통 과정 역시 꼼꼼히 관리해야 한다. 단순히 양적 증가에 집중하는 '숫자놀음'을 넘어서, '질적 성장'을 추구해야 한다.

이를 위해선 기존 정책과 통계 체계의 재설계가 필수다. 물질 재활용과 에너지 회수, 소각을 명확히 구분해 각각의 환경적 가치를 따로 평가해야 한다. 품질과 안전성 기준도 강화해 저급 재활용품이 재생산 과정에 끼어드는 일을 막아야 한다.

이와 함께, 재활용 과정에 투명한 정보공개와 시민 참여가 더해져야 한다. 재활용률 통계뿐 아니라, 재활용품의 최종 용도와 품질 정보가 공개되어야 소비자와 시장이 올바른 선택을 할 수 있다. 시민사회가 감시와 평가에 참여하는 시스템 구축은 신뢰와 책임성을 높이는 데 기여한다.

[그림] 이상적인 순환경제의 흐름

또한 더 이상 정부 중심의 단선적 집행으로는 이미 마주한 재활용 정책의 한계를 극복하기 어렵다. 시장, 시민사회, 기업, 지방정부 등이 서로 협력하며 정책 목표를 공유하고 조율하는 거버넌스 모델이 필요하다. 이는 정책의 현실 적합성을 높이고 다양한 이해관계자의 역량을 모아 지속 가능한 방향으로 정책을 이끌

수 있다. 정책이 '재활용률 수치'를 넘어 '재활용 가치'와 '환경 보호'를 최우선에 두고, 시민과 기업, 정부가 함께 책임지는 사회적 약속으로 거듭나야 한다.

 사회적 합의를 바탕으로 한 정책 설계는 법적 안정성과 예측 가능성도 제공한다. 일관된 정책과 기준은 현장의 혼란을 불식시키고 불필요한 비용 발생을 닦아준다. 충분한 논의와 조율을 통해 일관성 있는 정책 환경을 조성하는 것이 장기적인 성공을 좌우한다.

 국제적으로도 이런 방향은 확산되고 있다. 유럽과 일본, 미국 등은 재활용 정책을 '순환경제'라는 더 넓은 틀 속에 놓고, 품질 중심의 평가 체계와 정보공개, 사회적 참여를 강화하는 데 집중한다. 복합재질 포장재 제한, 재활용품 품질 인증, 생산자 책임 강화 등 다양한 제도적 도구를 동원한다. 우리도 이와 같은 질적 전환이 절실하다.

 새로운 정책 패러다임은 분리배출부터 생산, 유통, 폐기까지 자원의 흐름 전체를 다시 설계하고, 각 주체의 책임과 역할을 분명히 하는 데서 시작된다. 이 과정에서 투명한 정보공개와 시민 참여는 빼놓을 수 없는 요소다.

> 재활용은 숫자가 아니라 가치다.
> 지속 가능성은 질적 변화에서 시작된다.
> 책임과 신뢰로 다시 쓰임의 길을 열어야 한다.

실적과 감시의 시대를 넘어
진짜 순환의 시대로

　실적 중시와 감시는 처음엔 변화의 촉진제였다. '누가 더 잘하나?', '이번 달 분리배출 점수가 올랐다'라는 자극이 개인과 공동체를 움직였다. 관리자와 담당자는 실적 관리를 위해 분리수거장의 상태를 사진으로 남기고, 지자체는 분리배출 우수 단지를 선정해 인센티브를 지급한다. 이런 수치는 성과를 내세우는 데 효과적이었고, 시민의 실천을 독려하는 데도 나름의 역할을 했다. 하지만 시간이 지나며, 실적 중시와 감시는 오히려 한계에 다다르고 있다.

　첫째, 수치로만 평가하는 정책은 현실을 놓친다. 분리배출 실천율이 아무리 높아져도, 현장에서 복합재질 포장재가 늘어나거나 선별장 처리의 한계로 재활용이 멈추는 상황까지는 숫자가 말해주지 않는다. 실제로 '재활용률 86%'라는 정부 수치 속에는 선별만 된 뒤 소각된 폐기물, 에너지로 태워 없앤 쓰레기도 포함된다. 통계상 성공과 현장의 괴리가 커지면서, 숫자만 믿을 수 없다는 불신도 늘었다.

둘째, 감시 중심의 구조에서는 실천이 압박으로 변한다. 아파트 단지별로 CCTV를 설치하거나, 관리자가 직접 분리수거장을 돌며 지적 사항을 남기는 경우도 많아졌다. 누가 제대로 하지 않았는지 찾는 데 집중하다 보면, 협력보다는 통제에 치중하게 된다. 누락된 품목, 오염된 포장재, 실수로 잘못 분리된 쓰레기는 곧장 '불량'의 꼬리표를 달고, 공동체 안에서 누군가의 책임이 된다. 이는 실천의 동기를 위축시키고, '어차피 해도 안 된다'는 피로감만 키운다.

셋째, 실적과 감시는 한계가 분명하다. 숫자는 늘리고 실적을 포장할 수 있지만, 실제 변화는 일상에서 체감되지 않는다. 수거함 앞에서 애써 분리한 폐기물이 선별장에서 뒤섞이는 모습을 한

번이라도 본 사람은, 실천의 의미를 다시 묻게 된다. 성과 평가와 통제, 실적 중심의 구조가 반복되면, 결국 변화의 동력은 떨어지고 책임만 남는다.

실제로 현장에서는 이런 실적 관리와 감시가 문제의 본질을 가릴 때가 많다. 관리자 입장에서는 수치를 맞추는 것이 중요하고, 시민에게는 실천을 '잘했다, 못했다'로 평가받는 일이 큰 부담으로 다가온다. 재활용이 안 되는 구조, 복합재질이나 오염의 문제, 기업의 포장재 설계 실패 등 시스템의 한계는 숫자 뒤로 감춰진다. 언론과 행정도 실적 발표에 집중할 뿐, 그 이면의 흐름에는 관심을 두지 않는다.

그렇다고 실적과 감시를 완전히 부정할 수는 없다. 공공의 관리와 평가, 시민의 참여와 경쟁이 변화의 계기가 되기도 한다. 하지만 이 구조만으로는 다시 쓰이는 흐름, 실질적 순환, 신뢰의 연결을 만들기 어렵다. 결국 수치와 감시, 실적과 통제를 넘어, 구조적 연결과 참여, 실제 변화의 흐름을 확인하는 과정이 더 중요하다.

다시 한번 말하지만, 이제 필요한 것은 '누가 더 잘하느냐'가 아니라, '어떻게 더 잘 이어지는가?'이다. 실천을 경쟁이나 평가로만 몰아가면 각자도생의 구조가 강화된다. 수치로 줄 세우고, 감시와 처벌로 움직이는 시스템은 결국 피로와 책임 분산만 낳는다. 그보다는 내가 분리한 쓰레기가 어디까지, 어떻게 이어지는지를 함께 확인하고, 그 결과를 공유하는 투명한 구조가 필요하다.

정책이나 제도도 이런 변화를 반영해야 한다. 실적을 내세우기보다는, 현장 감시와 정보공개, 참여형 점검이 활성화될 수 있도록 지원하는 것이 필요하다. 기업과 행정, 시민이 함께 구조의 문제를 확인하고, 실질적 변화의 조건을 만들어 가는 과정이 중요하다. 더 이상 실적 관리나 경쟁이 아니라, 실제로 다시 쓰이는 흐름, 투명하게 공개되는 정보, 서로 확인하고 신뢰할 수 있는 구조가 사회적 기준이 되어야 한다.

그리고 중요한 것은, 모든 흐름을 숫자로 환원하지 않는 태도다. 실제로 다시 쓰이는 재질, 실제로 연결되는 책임, 실제로 바뀌는 현장의 흐름은 표로만 설명할 수 없다. 감시가 아니라 결과를 공유하고, 실천의 의미를 직접 확인할 수 있는 구조를 조금씩 늘려가야 한다. 실적과 감시가 남긴 피로 대신, 연결과 신뢰의 경험이 쌓일 때, 순환은 비로소 생활 속에서 움직이기 시작한다.

결국 변화를 가능케 하는 건, 모든 과정이 완벽하지 않아도 된다는 사실을 받아들이는 일이다. 완벽한 실천이나 완벽한 통제, 완벽한 재활용을 기대할 수는 없다. 그러나 각자의 자리에서 조금씩 확인하고, 투명하게 공개하고, 함께 질문할 수 있는 구조가 있다면, 변화는 멈추지 않는다. 실적이 아니라 결과를 공유하는 문화, 감시가 아니라 신뢰를 쌓는 구조, 이것이 앞으로 우리가 만들어갈 새로운 순환의 조건이다.

┌─────────────────────────────────────┐
실적과 감시의 시대를 넘어
함께 확인하고 신뢰하는 구조가 진짜 순환을 만든다.
└─────────────────────────────────────┘

실천의 끝에서,
다른 길을 생각한다

정책과 제도, 사회의 캠페인은 여전히 실천을 강조한다. 정부의 보도 자료, 지자체의 브리핑, 환경단체의 홍보물 모두가 '분리배출만 잘하면 된다'라고 말한다. 정부와 기업은 해마다 재활용률이 높아졌다고 말한다. 언론은 '분리배출 선진국', '시민 참여 세계 최고'라는 수식어를 붙여준다. 하지만 우리는 이미 실천의 한계를 경험했다. 잘 버리기만 하면 다시 쓰일 것이라는 믿음은, 현실의 구조 앞에서 여러 번 흔들렸다. 분명 실천은 필요하다. 그러나 실천만으로는 바뀌지 않는 현실을 충분히 확인했다.

어쩌면 순환의 구조란 늘 미완성일 수밖에 없다. 정책과 제도가 설계되고, 시장이 변하고, 기업과 소비자가 움직여도, 어디선가는 늘 한계와 실패, 경계와 단절이 반복된다. 분리배출을 시작으로 수거, 선별, 처리, 재생산까지 모든 흐름이 단번에 바뀌기는 어렵다. 정책, 시장, 기업이 오랜 시간 쌓인 관성 위에 움직이고 있어서 더욱더 쉽지 않다. 소비자가 구조의 한계를 체감하는 순간, 대체 어디서부터 손을 대야 하는지, 무엇부터 바꿀 수 있을지 막막해지기도 한다.

하지만 포기해서는 안 된다. 실천의 끝에 멈췄더라도 그 자리에만 머물지 않아야 한다. 이제는 조금 더 멀리, 그리고 다르게 생각해 볼 필요가 있다. 실천이 한계에 부딪힐 때, 책임이 흩어질 때, 감시와 실적의 의미가 흐려질 때, 근본적인 질문으로 돌아가야 한다. "정말로 다시 쓰이게 하려면, 무엇이 달라져야 할까?" 그리고 그다음 질문으로 이어가야 한다. "내가 할 수 있는 것이 여기까지라면, 그다음은 어디에서, 누구와 함께 바꿀 수 있을까?" 이러한 질문이 쌓이면서, 사회 전체의 감각과 흐름도 조금씩 달라진다.

질문을 멈추지 않는 태도는 단순한 회의나 비판이 아니다. 실천이 실패로 돌아가고 요구가 받아들여지지 않더라도, 더 좋은 길을 찾으려는 질문이 마음에 남아 있다면 변화의 동력은 멈추지 않는다. 질문은 구조의 허점을 드러내고, 변화를 위한 출발점이 된다. 누군가의 질문이 구조에 균열을 내고, 또 다른 누군가가 그 틈을 따라 작은 실험을 시작한다. 그렇게 연결은 만들어진다. 실천의 끝에서 질문을 반복할수록 우리는 언젠가 다른 길을 발견할 수 있을 것이다.

답을 찾기 어려운 순간마다 이어지는 질문이 오히려 오래 살아남는다. 실천의 좌절, 책임의 단절, 감시의 피로, 실험의 실패가 반복되어도, 끝에 남는 것은 결국 다시 던지는 질문이다. 질문이 존재하는 한 변화의 가능성은 닫히지 않는다.

질문의 답을 바로 얻기는 쉽지 않다. 그러나 그 질문이 모이고 퍼져 다양한 곳에서 반복되면, 정책과 제도, 시장과 행정, 기업과 소비자 모두에게 신호가 전달된다. 사회적 변화는 결국 질문의 힘에서 시작된다. 그 질문이 언젠가 또 다른 연결과 실험, 그리고 새로운 변화의 출발점이 될 것이다. 질문은 미래의 길을 만든다.

[그림] 분리배출에 담은 작은 희망

또한, 변화는 작은 실험에서부터 시작된다. 그 작은 실험으로 시작된 불완전한 변화가 이후에 구조 전체를 흔들 수 있다. 이런 실험은 언제나 시행착오와 한계를 동반한다. 새롭게 시도했지만, 답을 찾지 못하거나 제안이 받아들여지지 않거나, 기대했던 결과가 나오지 않을 때도 많다. 그렇다고 해도 멈추지 않아야 한다.

작은 실험에 번번이 실패하고, '이 정도로는 부족하지 않나?', '내가 뭘 바꿀 수 있을까?'라는 회의가 들 때도 있다. 중요한 건, 그런 현실을 감추지 않는 태도이다. 실패와 시행착오를 인정하고, 한 걸음이라도 더 나아가야 한다. 자신이 할 수 있는 범위에서 멈추지 말고, 새로운 길을 모색해야 한다. 그런 실험이 계속될 때, 비로소 사회 전체가 조금씩 바뀐다.

 지금, 실천의 끝에서 필요한 것은 작은 질문과 작은 실험이다. 실험을 멈추지 않고 질문을 이어갈 때, 어느 순간 새로운 연결이 생긴다. 책임이 흐르고, 정보가 공개되고, 이해관계자가 서로 신뢰를 쌓는 구조로 발전할 수 있다.

 내 실천이 어디서 끊겼는지, 누가 책임을 이어받지 않았는지, 어떤 흐름이 중간에서 멈췄는지, 내 손을 떠난 이후의 과정을 확인해야 한다. 그리고 다음 단계로 이어지도록 요구해야 한다. 이러한 노력과 태도가 사회에 조용히 스며들 때, 순환의 구조는 조금씩 달라지고 새로운 순환의 길을 열 수 있다.

> 질문과 작은 실험을 반복해야 한다.
> 그래야만 새로운 변화는 시작된다.

에필로그

잘 버리는 사회에서,
잘 이어지는 사회로

우리는 오랫동안 쓰레기를 어떻게 버릴지, 어떻게 나눌지, 무엇이 재활용되는지를 고민하며 살아왔다. 학교와 아파트, 동네 곳곳에는 분리배출 안내문이 붙어 있다. "깨끗이, 정확히 버리자."라는 구호도 이제 생활의 일부가 됐다. 시민들은 매일 실천을 반복한다. 정부와 기업은 실적과 수치를 내세운다. 우리는 나름의 성실함으로 '잘 버리는 사회'를 만들었다고 믿고 있다.

하지만 이 책은 조금 다른 질문에서 출발했다.
"우리가 만든 이 구조는, 정말 다시 이어지는 흐름을 만들었을까?"

분리배출에 애쓰는 동안 행정은 기준을 세우고, 기업은 비용을 계산한다. 정부는 해마다 재활용률과 분리배출 실천율을 강조한다. 모두가 제 역할을 다했다고 생각한다. 하지만 그 노력이 서로 닿지 않을 때가 많았다. 내가 열심히 분리한 쓰레기는 선별장에 가면 다시 뒤섞이고, 복합재질과 오염물은 소각장으로 향한다. 시장 가격이 떨어지면 수거 자체가 중단되기도 한다. 행정은 현장을 직접 관리하지 못하고, 기업은 법적 의무만을 채운다. 책임은 각자의 자리에서 멈춘다. 결과적으로 흐름은 쉽게 끊긴다.

문제는 실천이 부족해서가 아니었다. 누구 한 사람의 잘못이라고도 할 수 없었다. 오히려 각자 자기 역할만 지키는 구조 안에서는 아무리 애써도 변화가 완성되지 않았다. 분리배출을 잘해도, 정책이 발표되어도, 기업이 인증을 받아도, 실제로는 다시 쓰이는 흐름이 이어지지 않는 게 현실이다. 성과를 내세워도, 현장은 크게 달라지지 않는다.

우리는 여전히 숫자와 실적의 시대에 살고 있다. 환경부는 해마다 재활용률이 높아졌다고 발표하고, 지자체와 기업은 분리배출 실천율을 성과로 내세운다. 수치와 그래프가 오를수록 사회가 나아지고 있다는 착각도 커진다. 그러나 그 통계 뒤에는 선별만 되고 태워지는 폐기물, 실제로는 다시 돌아오지 않는 자원, 구조적

으로 끊어진 흐름이 남는다

정부와 지자체, 기업과 시민 모두 각자의 책임을 다했다고 믿지만, 정작 결과는 그대로 멈췄다. 실천은 어느새 습관이 되었지만, 시민은 피로와 허탈감을 반복해서 겪는다.

이 책이 추적한 것은 "어떻게 버릴 것인가?"가 아니라 "왜 흐름이 이어지지 않는가?"였다. 분리배출에서 수거, 선별, 처리, 재생산까지 각 단계가 서로 맞닿지 않은 채 따로 움직였다. 정책과 현장, 시장과 기업, 행정과 소비자, 누구도 전체 흐름을 조율하거나 책임지지 못했다. 연결의 고리가 끊어지면, 아무리 애써도 순환은 완성되지 않는다. 실적이 쌓여도, 삶은 달라지지 않는다.

이제는 잘 버리는 사회에서 한 걸음 더 나아가야 한다. 누구의 실수나 게으름을 따질 것이 아니라, 함께 길을 찾고 연결을 고민해야 할 때다. 실천만을 강조할 것이 아니라, 과정과 흐름, 구조와 연결에 더 큰 의미를 둬야 한다. 수치와 평가가 아니라, 실제로 다시 이어지는 움직임을 중심에 놓아야 한다. 잘 버리는 법을 넘어서, 잘 이어지는 방법이 필요하다. 성과보다 과정, 분리보다

에필로그

연결, 숫자보다 실제 움직임에 중점을 둬야 한다. 이것이 변화의 출발점이다.

변화는 거창한 개혁에서만 시작되지 않는다. 동네 분리수거장에서, 작은 실험과 질문에서, 한 사람의 문제의식에서, 변화는 조금씩 쌓인다.

"이 쓰레기는 어디로 가는가?"
"내가 분리한 플라스틱이 진짜로 다시 쓰였는가?"
이런 질문들이 쌓이면, 행정과 기업, 정책과 시장도 답하지 않을 수 없다. 주민들이 처리 경로를 함께 확인하고, 기업에 포장재 개선을 요구하고, 정책 집행을 감시하는 작은 참여들이 반복되면, 구조도 흔들린다. 책임의 흐름을 투명하게 공개하고, 결과를 함께 확인하는 경험이 늘어나면, 사회 전체의 관점도 바뀔 수 있다.

완벽한 해답은 지금 당장 주어지지 않는다. 실천이 좌절로 돌아가고, 작은 실험이 실패로 끝나는 일도 있다. 하지만 각자의 자리에서 질문을 멈추지 않는다면, 변화는 언젠가 시작된다. "왜 바뀌지 않았는가?"라는 질문이 계속되는 한, 다음 순환의 길은 닫히지 않는다.

이제는 잘 버리는 사회에서, 잘 이어지는 사회로 옮겨갈 차례다.

누구도 혼자서 모든 책임을 질 수 없지만, 모두가 함께 흐름을 다시 잇는다면, 변화는 바로 지금 이 자리에서 시작될 수 있다.

> 잘 버리는 사회에서
> 잘 이어지는 사회로.
> 진짜 변화는
> 연결에서 시작된다.

The Waste Paradox: Beyond Disposal

작가의 글

　이 책은 생활의 작은 지침을 넘어, 우리가 매일 반복하는 행위 뒤에 남겨진 질문에서 출발했습니다. 깨끗이 모은 자원들이 왜 다시 쓰이지 못하고 결국 불에 사라지는 것일까? 성실히 분리배출해도 결과가 달라지지 않는다면, 문제는 개인의 실천이 아니라 그 뒤를 받쳐주지 못한 제도와 구조에 있다는 사실을 마주하게 됩니다.

　국회에서 정책을 다루고, 강의실에서 학생들과 토론하며, 현장에서 많은 분들과 나눈 경험은 저에게 큰 자산이 되었습니다. 그 과정에서 쌓인 생각과 고민은 결국 하나의 질문으로 모였습니다. "누가 끝까지 책임질 것인가?" 이 책은 그 질문에 대한 저의 작은 답이자, 함께 고민하고 묵묵히 실천해 온 분들의 발자취를 기록한 결과입니다.

이 길을 시작할 수 있도록 용기와 영감을 주신 손승민 책임, 박미송 과장님께 깊이 감사드립니다. 가까이에서 함께 고민하며 힘이 되어주신 의원님과 동료들에게도 마음을 전합니다. 무엇보다 곁에서 늘 응원해 준 아내 초롱, 그리고 제 삶의 가장 큰 기쁨인 아들 시후에게 특별한 고마움을 전합니다.

책을 쓰는 길은 결코 쉽지 않았습니다. 몇 번이고 멈추고 싶었던 순간이 있었지만, 곁에서 건네준 응원과 현장에서 들려온 진실한 목소리가 제 손을 다시 글로 이끌었습니다. 이 책은 저 혼자의 노력이 아니라, 함께 만들어 낸 여정의 결과입니다.

마지막으로, 이 책을 끝까지 읽어주신 독자 여러분께 진심으로 감사드립니다. 작은 의문 하나, 이어지는 실천 하나가 모이면 세상은 달라질 수 있습니다. 언젠가 우리가 "그래도 이렇게 달라졌다"라고 말할 수 있는 날이 오기를 바랍니다.

오늘 이 책 속에서 나눈 질문과 노력이, 우리 아이들이 살아갈 세상을 함께 더 나은 세상으로 만들어 가는 밑거름이 되기를 바랍니다.

1. 국내 문헌

◇ 그린피스. 2019. 일회용의 유혹, 플라스틱 대한민국.
◇ 그린피스. 2023. 플라스틱 코리아 2.0.
◇ 한국환경연구원. 2019. 폐기물 자원 순환의 국제 동향과 영향 분석.
◇ 한국환경연구원. 2021. 탄소 중립 이행을 위한 순환경제 정책 로드맵 연구.
◇ 환경부. 2018. 자원 순환기본계획(2018-2027).
◇ 환경부. 2020. 플라스틱 전주기 발생 저감 및 재활용 대책 수립.
◇ 환경부. 2023. 제6차 전국폐기물통계조사.
◇ 환경부. 2023. 폐기물 통계연보.
◇ 환경부. 2024. 2023년 전국 폐기물 발생 및 처리 현황.

2. 해외 문헌

◇ European Commission. 2009. Directive 2009/125/EC establishing a framework for the setting of ecodesign requirements for energy-related products.
◇ European Commission. 2015. Closing the Loop – An EU Action Plan for the Circular Economy (COM/2015/0614).
◇ European Commission. 2019. The European Green Deal

(COM/2019/640).
- European Commission. 2020. A New Circular Economy Action Plan: For a cleaner and more competitive Europe (COM/2020/98).
- European Environment Agency. 2020. Plastics, the Circular Economy and Europe's Environment.
- European Union. 1994. Packaging and Packaging Waste Directive (Directive 94/62/EC, as amended 2018).
- European Union. 2008. Waste Framework Directive (Directive 2008/98/EC).
- IPCC. 2022. Climate Change 2022: Mitigation of Climate Change.
- Ministry of the Environment, Japan. 2021. Plastic Resource Circulation Strategy.
- OECD. 2020. Environment at a Glance: Circular Economy Indicators.
- OECD. 2022. Global Plastics Outlook.
- OECD. 2024. Global Plastics Outlook: Policy Scenarios to 2060.
- UNEP. 2023. Turning off the Tap: How the World Can End Plastic Pollution.
- US Environmental Protection Agency (EPA). 2020. Advancing Sustainable Materials Management: 2018 Fact Sheet.

재활용의 거짓말

초판 발행	2025년 10월 2일 초판 1쇄
	2025년 10월 17일 초판 2쇄
지은이	문관식
펴낸곳	피앤피북
펴낸이	최영민
주소	경기도 파주시 신촌로 16
전화	031-8071-0088
팩스	031-942-8688
전자우편	hermonh@naver.com
등록일자	2015년 03월 27일
등록번호	제406-2015-31호
ISBN	979-11-94085-75-1 (03320)

· 정가는 뒤표지에 있습니다.
· 헤르몬하우스는 피앤피북의 임프린트입니다.
· 이 책의 어느 부분도 저작권자나 발행인의 승인 없이 무단 복제하여 이용할 수 없습니다.